Aprende a tocar la guitarra

Aprende a tocar la guitarra

Una guía paso a paso

NICK FREETH

Bath · New York · Singapore · Hong Kong · Cologne · Delhi · Melbourne

Contenido

Introducción

A mediados de la década de 1980, las listas de éxitos y las ondas radiofónicas estaban repletas de música de sintetizador y algunos de los fabricantes de instrumentos de cuerda más importantes del mundo se encontraban al borde de la bancarrota. Como consecuencia, muchos críticos y eruditos fatalistas proclamaron que la guitarra nunca volvería a recuperar el dominio perdido en el mundo del rock y del pop.

Afortunadamente, sus predicciones no encontraron eco en el mercado. A lo largo de la última década, las ventas de guitarras acústicas y eléctricas se han triplicado. En 2003, solamente los norteamericanos gastaron casi 500 millones de dólares en estos instrumentos. En la actualidad, la guitarra también experimenta un resurgimiento similar en otros países, donde cada año decenas de miles de nuevos aficionados a este fantástico instrumento inician su particular carrera musical.

La mayoría de los principiantes adquiere su primera guitarra después de estar varios meses consultando revistas especializadas y observando los escaparates de las tiendas de instrumentos, y tal vez imaginándose ante una audiencia entusiasmada por su música. Ningún otro instrumento genera niveles semejantes de pasión y obsesión, ni mueve a los devotos inexpertos a conformarse con extrañas payasadas como «la guitarra aérea»: hasta donde se sabe, no se ha oído

nunca hablar del «piano aéreo» o de «percusión aérea». Por desgracia, todas las ensoñaciones y fantasías no bastan para conseguir que una guitarra real (al contrario de una imaginaria) produzca la música de tus sueños. Hace falta trabajar mucho y practicar regularmente, y durante el largo proceso necesario para manejar el instrumento es muy fácil desmoralizarse y perder el ardiente entusiasmo que te llevó a empuñar la guitarra en un primer momento.

Aprende a tocar la guitarra pretende combatir el desánimo y proporcionar unos conocimientos básicos que permitan tocar tanto instrumentos acústicos como eléctricos. Sus instrucciones, diagramas e ilustraciones te guiarán desde el primer momento: es decir, desde la compra de la guitarra y su primera afinación, pasando por el rasgueo y la digitación de notas y acordes, hasta la interpretación de melodías sencillas. El tono optimista y positivo con el que el libro aborda el método, te estimulará y ayudará a mantener la concentración mientras adquieres las necesarias habilidades técnicas y musicales. También contiene información sobre pedales de efectos, equipos de grabación y otros accesorios, que tal vez quieras comprar ahora o bien un poco más tarde, cuando empieces a interpretar subido a un escenario.

¡Buena suerte y que disfrutes leyendo y practicando!

Capítulo 1

Comprar una guitarra

Gracias a los métodos de fabricación de alta tecnología y a la feroz competencia, los compradores noveles, que buscan guitarras de buena calidad a un precio razonable, se ven sometidos al suplicio de la elección. Los instrumentos para principiantes que sonaban a hojalata, con mástiles combados y cuerdas tan gruesas como las de los pianos, hace tiempo que pertenecen al pasado; también los amplificadores compactos de hoy en día, tan sofisticados en materia de electrónica, se encuentran a años luz de los de hace apenas una generación, tan pesados y estridentes y que en ocasiones llegaban incluso a explotar.

Sin embargo, a la hora de comprar una guitarra, el viejo proverbio que recomienda no fiarse de las apariencias sigue teniendo validez. Es esencial que decidas previamente qué tipo de guitarra quieres, ya sea acústica o eléctrica, para fijar el presupuesto dedicado a su compra y también para obtener información que no sólo proceda de partes interesadas, como los vendedores, sino también de amigos guitarristas, de revistas, páginas web, y por supuesto, de este libro. Escoge la tienda con cuidado: merece la pena recorrer unos cuantos establecimientos hasta encontrar uno que disponga de buenas existencias, donde te sepan asesorar, los vendedores tengan paciencia y puedas encontrar la paz y la relativa tranquilidad que necesitas para seleccionar tu guitarra y tu amplificador.

¿Qué hay en el mercado?

Ya te has decidido a tocar la guitarra. Pero, ¿qué tipo de guitarra? En el mercado hay una variedad desconcertante de instrumentos con una gama de precios muy amplia. Recopila toda la información posible al respecto, es la única manera de elegir el tipo más adecuado para ti y tus ambiciones musicales.

Si lo que quieres es poder tocar la guitarra en cualquier parte –ya sea en espacios cerrados o al aire libre– sin mayores complicaciones, una guitarra acústica cumple todos los requisitos. Para escuchar estos instrumentos no se necesitan accesorios electrónicos externos, como amplificadores o altavoces, ya que cuentan con un cuerpo de madera hueco o caja que proyecta el sonido. La más barata es la llamada guitarra **«clásica»** o **«española»** con cuerdas de nailon. No obstante, tienden a apagar el sonido brillante y el tono potente necesario para la mayor parte de la música pop y rock, y por lo tanto no las trataremos en detalle en este libro. Los instrumentos acústicos de tapa plana, también llamados **flat-top,** con cuerdas de acero son por lo general más caros, pero resultan muy apropiados para rasguear vigorosamente con púa o para interpretar solos complicados; probablemente sean las guitarras más versátiles y fáciles de tocar. Si eliges una de este tipo, bien construida y con buen sonido, te proporcionará años de placer interpretativo.

No obstante, si lo tuyo es el rock, no hay nada que sustituya a una guitarra **eléctrica.** Algunas apenas se oyen si no están enchufadas, mientras que existen otros modelos «macizos», como el que se muestra aquí, que no tienen cavidades de resonancia. Pero todas ellas están provistas de **pastillas** electromagnéticas, que al convertir las vibraciones de las cuerdas de acero del instrumento en corrientes alternas minúsculas, crean

Izquierda y derecha
Las guitarras acústicas del tipo «dreadnought» como esta económica *flat-top* fabricada en Corea producen una rica resonancia y son aptas para interpretar muchos estilos musicales diferentes. Reciben su nombre de los acorazados Dreadnought de la Primera Guerra Mundial, que fueron los mayores buques de este tipo. Su cuerpo es más ancho y profundo que el de otras *flat-top.*

Izquierda Una *flat-top* de precio medio, ideal para principiantes o intérpretes de nivel medio. Dispone de tapa de madera maciza (*véanse* las páginas 14 y 15), así como de un elegante acabado «natural» y atractivas incrustaciones.

Izquierda y derecha
La Fender Stratocaster posee uno de los diseños más populares y que con más frecuencia se ha copiado. Su cuerpo contorneado la hace excepcionalmente cómoda de tocar. La Stratocaster tiene tres pastillas (de las cuales, la inferior está ligeramente colocada en ángulo para reforzar su respuesta aguda) y un cuerpo doblemente recortado que hace más fácil el acceso a su diapasón de arce.

un tono rico y sostenido. Las pastillas en diferentes posiciones (como las tres unidades de que está provista la Fender Stratocaster de la fotografía) generan mezclas de graves y agudos con sutiles variaciones; sus señales son seleccionadas, combinadas y modificadas por los interruptores y controles de la guitarra. A continuación, pasan a un amplificador independiente que las intensifica.

De camino pueden atravesar circuitos de efectos para añadirles artificialmente reverberación, distorsión, eco, *delay* y otros «tratamientos» electrónicos antes de ser transmitidas a un altavoz que las lanza al aire como ondas sonoras.

El impacto musical que produce tocar una guitarra eléctrica es inolvidable, pero para experimentarlo son imprescindibles un amplificador y un altavoz. Practica en una habitación insonorizada.

¿Acústica o eléctrica?

Las técnicas básicas de la mano izquierda y de la mano derecha son idénticas tanto para tocar una guitarra acústica como una eléctrica; y aunque los cuerpos de algunas eléctricas son ligeramente más pesados, no existen diferencias significativas en cuanto a la fuerza necesaria para tocar un tipo u otro. Así pues, los factores decisivos a la hora de elegir entre ambas no deberían ser otros que tu preferencia musical y los requerimientos prácticos.

Una guitarra acústica se puede tocar directamente, sin el engorro de tener que conectarla a un amplificador. Es perfecta para acompañar a cantantes en solitario, y al ser fácil de transportar, te permite tener música allá donde vayas. También existe la posibilidad de comprar «guitarras de viaje». Son tan compactas que caben en una esquina de tu vehículo o incluso se pueden facturar como equipaje de mano en los aviones. Las *flat-tops* estándar son, por supuesto, un poco más grandes y abarcan desde las «parlour» y los llamados modelos «orquestales» hasta las anchas guitarras tipo «dreadnoughts» y «jumbos», las preferidas por los intérpretes folk y country. Todas ellas son capaces de llenar una habitación con un sonido rico y vibrante, y hay algunas que llevan sistemas electrónicos integrados que se pueden conectar a un amplificador o a un sistema de megafonía para potenciar aún más su volumen.

Como ya sabemos, las guitarras eléctricas son prácticamente inútiles sin amplificación y tienden también a «apagar» aquellos instrumentos y cantantes «desenchufados». Sin embargo, en combinación con sus amplis,

Izquierda La Martin Backpacker, una guitarra «de viaje» diseñada por la empresa C. F. Martin, de Nazareth, Pensilvania. A pesar de su tamaño y de la forma de su cuerpo, tan poco convencional, produce un tono claro y relativamente suave. Las dimensiones de la Backpacker —84 cm de largo y 5 cm de profundidad— son en general mucho menores que las de cualquier *flat-top*. Sin embargo, su diapasón estándar la hace fácil de tocar.

Más a la izquierda Una acústica con secreto, ya que la Backpacker lleva integrada una pastilla electrónica que se puede conectar a un amplificador mediante un enchufe-adaptador que se oculta en uno de los botones que sirven para fijar la correa.

ofrecen una variedad tonal mucho más extensa que las guitarras acústicas. Los acordes cálidos y suaves se pueden transformar en un áspero funk o en una distorsión chirriante apretando un botón, y aún se pueden conseguir efectos más espectaculares con ayuda de la palanca (un dispositivo mecánico que modifica el tono de las cuerdas creando giros tonales) o bien con un pedal de efectos externo. Una guitarra eléctrica también puede sonar tranquila o contenida, pero su potencial para los ritmos salvajes y las interpretaciones superlativas –que se refleja en los audaces y, a veces, fantásticos contornos de los modelos– siempre está presente. Si todo ello te atrae, no dudes en comprarte una.

Abajo La Fender Stratocaster lleva montado en las cuerdas un sistema de vibrato controlado por un brazo metálico llamado «palanca de trémolo», capaz de producir notables modificaciones de tono en notas y acordes.

Izquierda y derecha La Far-Eastern es una guitarra eléctrica de precio medio. Tiene el cuerpo sólido con un solo *cutaway*. Las señales de sus dos pastillas se pueden mezclar y ajustar mediante los controles de volumen y tono situados en la parte inferior derecha de la tapa del instrumento.

Izquierda Las guitarras eléctricas pueden ser asombrosamente pesadas; siempre que toques de pie, utiliza una correa bien resistente.

Elige tu guitarra

Como aún no eres un experto, comprar una guitarra puede resultar algo arriesgado. Así pues, escucha atentamente todo lo que los amigos con experiencia, los empleados de las tiendas especializadas y otras fuentes dignas de crédito te digan acerca del tema. De todas formas, cuando pruebes el instrumento, ten en cuenta también tu «buen instinto». Por mucho que te recomienden un modelo, recuerda que lo más importante es que te sientas a gusto cuando lo tengas en las manos.

Si te decides por una acústica, compra una *flat-top* con cuerdas metálicas antes que una clásica con cuerdas de nailon por las razones que hemos mencionado anteriormente. Las acústicas más baratas están hechas con madera laminada y pueden sonar razonablemente bien; sin embargo, para disfrutar de un tono mejor, elige una de tapa maciza. En los modelos más caros, tanto la tapa superior, como la trasera y los laterales están hechos por completo de madera maciza.

La elección de una guitarra eléctrica es un tanto más delicada. Algunos fabricantes ofrecen sus modelos más famosos en dos versiones: la *premium* y la *budget*. Se puede decir que hay una diferencia visual mínima entre una Fender Stratocaster hecha en América y de un precio superior a 1.500 euros, y la versión «Squier» del mismo modelo procedente de China, donde se fabrica en serie bajo licencia y cuyo precio viene a ser una quinta parte del anterior. Pero la diferencia acústica es considerable. Así, adquiere la guitarra eléctrica mejor construida y la que tenga el sonido más rico que puedas permitirte y evita los instrumentos cargados de complicados vibratos y demás «pitos y flautas». Está demostrado que las guitarras con especificaciones sencillas duran más y dan mejor resultado.

Tanto si lo que buscas es una guitarra acústica como una eléctrica, haz que el vendedor o un amigo con experiencia te haga una demostración tocando notas y acordes sencillos en diferentes tonos y posiciones del diapasón. A continuación, pruébala tú mismo:

Izquierda La forma más fácil de tocar es estando sentado. En esta posición, la guitarra tiene que producir una sensación de equilibrio y de comodidad. Si te parece demasiado grande o pesada, recházala y elige otra.

apoya su cuerpo en tu muslo derecho, pon la mano izquierda en el mástil y sopésala en cuanto a equilibrio y comodidad. Luego rasguea sus cuerdas de abajo arriba con el dedo índice de la mano derecha: las seis notas deben ser iguales en cuanto a volumen y producir un sonido sostenido, vibrante, sin traqueteos ni zumbidos. Finalmente, comprueba que no tenga grietas o arañazos antes de repetir todo el proceso con otras dos o tres guitarras de entre tus favoritas. El instrumento con el mejor rendimiento y que más te atraiga en conjunto es el que tienes que comprar.

Arriba Comprueba el clavijero de las guitarras que vayas a probar. Tienen que girar suavemente y no deben presentar suciedad, corrosión o falta de color.

Izquierda Cuando pruebes a colgarte la guitarra, asegúrate de que no te quede demasiado baja. Esta guitarra del tipo «Les Paul» tendría que elevarse un par de centímetros para resultar cómoda.

Más a la izquierda Aunque seas principiante, puedes hacerte una idea de la capacidad de un instrumento —y por tanto saber cuál te conviene— por el sencillo procedimiento de cogerlo y rasguearlo.

Elige tu amplificador

A la hora de elegir un amplificador, es recomendable que te tomes el tiempo necesario hasta que estés seguro de que es compatible con tu guitarra y de que ambos son capaces de trabajar en armonía para producir los resultados musicales que buscas.

Después de haberse gastado un dineral en el instrumento, algunos guitarristas eléctricos en ciernes consideran la compra de un amplificador como algo accesorio. Sin embargo, hay que tener en cuenta que el amplificador y el altavoz constituyen el sistema de distribución acústica de la guitarra, y si no son adecuados, pueden oscurecer o destruir la riqueza de tonalidades del instrumento.

El tipo más práctico de amplificador de guitarra y el que más se vende es el «combo», una simple caja, bastante ligera y fácil de transportar, que contiene ambos elementos: el ampli propiamente dicho (los sistemas electrónicos que potencian la corriente de las pastillas de la guitarra a niveles utilizables) y uno o dos altavoces (los gabinetes separados para el ampli y los altavoces, conocidos como *stacks* y utilizados por los rockeros que tocan en estadios, no son precisamente el aparato ideal para uso doméstico). Con arreglo a la calidad, el tamaño y el precio, la gama de combos abarca desde las modestas unidades de prácticas, de un precio inferior a 150 euros, hasta los modelos profesionales diseñados para sobrellevar los rigores de la vida *«on the road»*. Aunque por el momento no necesites ninguno de esos monstruos, procura elegir un combo con un funcionamiento fiable y capaz de extraer lo mejor de tu guitarra. Tiene que tener una potencia de salida de al menos 15 vatios RMS (abreviatura en inglés de *root mean square* o raíz cuadrada de la medida de los cuadrados, una unidad estándar de potencia acústica) y un altavoz con un diámetro mínimo de 20 cm. Los amplificadores con menos vatios y los altavoces más pequeños tienden a sonar de modo tenue y débil, incluso en tu cuarto de estar.

Arriba Con una potencia de salida de 30 vatios y un altavoz de 25 cm, este combo de estado sólido modelo Laney HCM30R tiene mucho vigor. Sus controles de ecualización (abajo) permiten a los intérpretes «moldear» su sonido.

Los combos más baratos disponen generalmente de circuitos transistorizados. Son los llamados amplificadores de «estado sólido». Tienen un sonido claro, aunque bastante neutro, y necesitan poco mantenimiento; sin embargo, muchos guitarristas los consideran inferiores a los de válvulas, cuyo sonido es cálido y rico y pueden crear una sobrecarga y una distorsión aterciopeladas. Como es obvio, semejantes prestaciones tienen su precio: los amplis de válvulas son más caros, pesados y frágiles que sus antagonistas de estado sólido. Pero la diferencia de calidad es notoria.

Izquierda Al probar una guitarra eléctrica con amplificador, cambia de una pastilla a otra para comparar sus sonidos. La que está situada en la posición del mástil (anterior) produce un tono cálido, ligeramente bajo; mientras que la pastilla del puente (posterior) debería tener un perfil sonoro más alto.

Izquierda Experimenta con los controles del ampli y asegúrate de que suene bien con el volumen bajo, ya que probablemente será así como lo uses en casa.

17

Accesorios imprescindibles

*En una tienda de instrumentos musicales encontrarás muchos y atractivos accesorios que te apetecerá adquirir. Sin embargo, sólo algunos de estos artículos son realmente imprescindibles: la **púa**, el **afinador** para tu guitarra nueva, el **estuche** o **funda** para transportarla y el **cable**, si usas una guitarra eléctrica.*

Las **púas** (también llamadas **plectros**) se fabrican con diferentes formas, grosores y colores, y por muy poco dinero puedes comprar un puñado de ellas. Si todavía no estás seguro de cuál te va mejor, es preferible que las escojas de diferentes tipos.

El aparato más asequible que puedes adquirir para afinar es un **afinador de boca** o **silbato** con seis lengüetas tipo armónica. Cuando suenan, producen las notas a las cuales tienes que ajustar las cuerdas de tu guitarra. Algunos guitarristas emplean un **diapasón de horquilla** como tono de referencia para una sola cuerda y luego ajustan las otras cinco en relación a ella. No vamos a describir este método ya que resulta bastante más complicado. La forma más senci-

Izquierda Una selección de púas de diferentes formas y grosores. Las que se muestran en la foto están hechas de plástico.

Arriba Los afinadores de boca o silbatos son resistentes y portátiles, y al contrario de otros aparatos más sofisticados no necesitan pilas.

lla de afinar –aunque también la más costosa– es emplear un **afinador electrónico** a pilas, que «escucha» tus cuerdas por medio de un micrófono integrado (también se puede enchufar a una guitarra eléctrica) y mediante un medidor o LCD te indica visualmente si las cuerdas están en el tono correcto o, por el contrario, demasiado altas o bajas.

Aunque estés tentado de llevarte a casa tu guitarra nueva envuelta en celofán o en una

Derecha Las lengüetas del afinador de boca proporcionan cada una de las notas de las seis cuerdas de la guitarra.

Más a la derecha La pantalla de este afinador electrónico muestra los tonos exactos a la hora de afinar y no requiere ninguna destreza.

caja de cartón, lo mejor es una funda o estuche para protegerla de arañazos y golpes, así como de las inclemencias del tiempo. Para el transporte diario será suficiente una **funda** blanda y acolchada. Los **estuches rígidos**, hechos a menudo de fibra de vidrio, proporcionan una mayor protección pero pueden resultar muy caros.

El **cable de la guitarra eléctrica** tiene que soportar años de continuos tirones e incluso pisotones. Así pues, elige un cable bien resistente y con clavijas robustas. Debe medir 3 m de largo como mínimo.

Abajo Estas fundas para guitarra se pueden llevar en la mano o colgadas a la espalda, y proporcionan a tu instrumento la protección adecuada en casi todos los desplazamientos. Sin embargo, para aquellos instrumentos realmente caros y delicados es preferible usar un estuche rígido.

Capítulo 2

Los inicios

Entre los imponentes tonos sobrecargados de una guitarra eléctrica conectada a un amplificador y los delicados acordes y licks de una acústica se extiende todo un mundo sonoro. Sin embargo, como los dos tipos de instrumento comparten tantas similitudes esenciales, resulta razonable utilizar en ambos casos las mismas instrucciones y ejercicios para explicar los fundamentos básicos. Y éste es el método que sigue nuestro libro. Si eres un maestro en ciernes de la guitarra eléctrica, deberías reducir el volumen general a un nivel «claro» y bastante bajo y retirar todo tipo de «zumbido» y de «ganancia» de tu amplificador para ejecutar los ejercicios generales que se proponen. Aunque es comprensible que quieras realizar ocasionales experimentos (quizá en ausencia de tu familia y vecinos) a todo volumen y con la distorsión.

En las páginas siguientes aprenderás a afinar tu guitarra y a tocar con púa. En cuanto domines estos ejercicios esenciales, podrás ir progresando desde los simples acordes hasta tu primera melodía «propiamente dicha». Será *Amazing Grace*, de la que aprenderás las armonías y la melodía.

Afinación y punteo

Ha llegado el momento de la verdad: es hora de coger la guitarra y empezar a tocar. Empieza eligiendo una silla de respaldo recto y sin brazos; coloca enfrente una mesita para apoyar el libro que ahora tienes en tus manos y pon a tu alcance la púa y el afinador. Siéntate con la guitarra apoyada en el muslo derecho y, si es necesario, estabilízala con la mano izquierda.

Sujeta la púa entre el pulgar y el índice de la mano derecha, colócala sobre las cuerdas y arrástrala a través de ellas moviéndola hacia abajo (en dirección al suelo), desde la más gruesa hacia la más delgada. Mantén la púa bien derecha, de manera que sea sólo la punta la parte que entre en contacto con las cuerdas, y no amortigües las vibraciones de éstas con las manos: deja que las notas resuenen libremente. Practica hasta que seas capaz de rasguear las cuerdas suavemente –no te preocupes en ningún momento por el acorde tan poco «musical» que estés produciendo–. A continuación, prueba a tocarlas de una en una, deteniendo la púa tras cada pulsación para evitar que toque accidentalmente las cuerdas adyacentes.

En cuanto domines esta técnica, estarás preparado para **afinar** tu instrumento. Las cuerdas se numeran de la 6ª (la más gruesa) a la 1ª (la más delgada) y se corresponden con los siguientes nombres de notas: **Mi** (6ª), **La** (5ª), **Re** (4ª), **Sol** (3ª), **Si** (2ª) y **Mi** (1ª), que es la más aguda. Si tienes un afinador de silbato verás estos números y notas grabados junto a los orificios de las lengüetas. Ponte el silbato en la boca, sopla en la lengüeta Mi (1ª) y puntea la primera cuerda. ¿Son idénticas ambas notas? ¿O quizá la cuerda suena ligeramente más alta o más baja que el silbato? Para alcanzar la nota silbada ajusta con la mano izquierda la clavija afinadora de la cabeza del mástil aumentando o reduciendo la tensión hasta que el silbato y la cuerda se co-

Izquierda Esta forma de sujetar la guitarra resulta relajada y cómoda, y además te asegura un buen equilibrio aunque tengas que retirar la mano izquierda del mástil.

Izquierda Puntea una sola nota. En ese momento, únicamente la punta de la púa debe hacer contacto con la cuerda.

Abajo, a la izquierda Afinar (I): puntea con la púa la 1ª cuerda (Mi) y compara la nota que produce con el sonido del afinador de silbato o electrónico.

Abajo Afinar (II): ahora gira la clavija afinadora de la cuerda tensándola o destensándola hasta que produzca la nota correcta.

rrespondan exactamente. Repite el mismo proceso con cada una de las otras cinco cuerdas y habrás realizado tu primera afinación.

Es posible que el procedimiento te resulte algo difícil hasta que hayas desarrollado un «oído» para las diferencias de tono, pero, si utilizas un afinador electrónico, se convertirá enseguida en un juego de niños. Únicamente debes colocar el afinador siguiendo las instrucciones del fabricante, hacer sonar cada cuerda y tensarla o destensarla hasta que el medidor de la unidad te indique que la frecuencia es la correcta.

Arriba Una guitarra eléctrica conectada directamente a un afinador electrónico.

Tu primer acorde

*Ahora que ya sabes afinar y has aprendido a rasguear las cuerdas, ha llegado el momento de intentar tocar un **acorde**. El término define un grupo de notas que al sonar juntas adquieren un «sentido» musical.*

Gracias a la forma en que está afinada la guitarra se pueden crear bastantes acordes básicos con muy poco esfuerzo. El más fácil es el conocido como **Mi menor** (ya irás descubriendo después cómo se llaman los acordes, por ahora concéntrate en localizarlos y puntearlos). Contiene tres notas esenciales: **Mi** (que es la que da nombre al acorde y la que se considera **nota tónica** o **fundamental**), **Sol** y **Si**.

Si te resultan familiares es porque corresponden a los tonos a los que acabas de ajustar las tres cuerdas agudas de la guitarra (Sol/3ª, Si/2ª y Mi/1ª). Así, puedes realizar inmediatamente un acorde de Mi menor tomando la púa y tocando la 3ª, 2ª y 1ª sin pulsar las tres cuerdas más graves. Seguramente, necesitarás algo de práctica para evitar rozar la 4ª cuerda cuando toques la 3ª, pero pronto serás capaz de hacerlo limpiamente y con exactitud. Igual que hiciste antes, empieza rasgueando y luego haz sonar Sol, Si y Mi más lentamente, una tras otra.

Aunque nuestras cuerdas al aire proporcionan todas las notas necesarias para el Mi menor, puede que tengas la impresión de que al acorde todavía le falta algo. La sensación de que está incompleto se debe al hecho de que la nota más grave de las tres (Sol/3ª cuerda) no es la tónica de Mi menor. La tónica que falta es por supuesto Mi y se puede añadir fácilmente al fondo de nuestro acorde pun-

Abajo Punteando la 3ª cuerda de la guitarra se produce la nota Sol, uno de los tonos que componen el acorde de Mi menor que vas a tocar.

Arriba La tónica de nuestro Mi menor procede de la 6ª (Mi) cuerda al aire. Es la nota más grave que puede producir la guitarra en afinación normal.

Izquierda Después de hacer sonar el Mi grave, tu púa tiene que «omitir» las cuerdas 5ª y 4ª, y tocar la 3ª (seguida de la 2ª y la 1ª) para completar el acorde de Mi menor.

teando la cuerda más grave de la guitarra (Mi/6ª) y tocando a continuación 3ª, 2ª y 1ª, como anteriormente.

Ahora sólo queda un problema: el inoportuno salto que tiene que dar la púa para pasar del Mi de arriba a la 3ª (Sol). No podemos rasguear a través de las seis cuerdas porque los tonos de La y Re no pertenecen al acorde de Mi menor. Para remediarlo, debemos usar la mano izquierda para **pisar** estas notas (*véanse* las páginas siguientes).

Un Mi menor completo

*Tu mano izquierda ha estado muy tranquila hasta ahora,
pero esto va a cambiar en cuanto empieces a utilizarla
para formar notas y acordes.*

Antes de continuar, echa un vistazo a tus uñas. Tienen que estar lo más cortas posible o de lo contrario te resultará muy difícil o casi imposible pisar las cuerdas. Si es necesario, deja la guitarra un momento y córtatelas. A continuación, vuelve a coger tu instrumento y coloca la mano izquierda en el mástil tal y como se muestra en la fotografía inferior. Pon la punta del **dedo 3** sobre la 4ª (Re) cuerda justo en el segundo traste de la guitarra (contando a partir del bloque blanco llamado **cejilla**), presiona la cuerda hacia la madera del diapasón y trata de puntear la 4ª cuerda.

Pisar limpiamente

Es de esperar que hayas hecho sonar una nueva nota vibrante e intensa, pero si se produce algún zumbido o la cuerda no acaba de vibrar, ajusta el ángulo y la posición del dedo 3: su articulación superior tiene que formar un ángulo de 90 grados con el diapasón, sin tocar las cuerdas adyacentes ni inclinarse sobre ellas; además, la punta debería mantener un contacto firme con la cuerda. Todo esto puede resultar bastante incómodo al principio, pero pronto notarás cómo las puntas de los dedos y los músculos de la mano se acostumbran a hacer lo que les pides.

Abajo Pisa la cuerda Re en el segundo traste con el dedo 3 para producir un Mi, la nota tónica del acorde de Mi menor de cuatro cuerdas.

Arriba Prepárate para rasguear un acorde de Mi menor de cuatro cuerdas. El acorde comprende un Mi pisado en la 4ª cuerda (*véase* la página anterior) más el Sol, Si y Mi de la 3ª, 2ª y 1ª cuerdas al aire.

Izquierda Una vez que hayas añadido una segunda nota pisada (el Si de la 5ª cuerda/ 2° traste), puedes rasguear las seis cuerdas para producir un acorde completo de Mi menor.

Una vez que hayas logrado que la 4ª cuerda suene limpiamente pisando el traste, rasguea las cuatro cuerdas agudas y escucha el efecto que tiene la nota pisada (un Mi) en tu acorde de Mi menor. Ahora, para hacer el sonido más rico, coloca el **dedo 2** de la mano izquierda sobre la 5ª cuerda (La) en el segundo traste, de manera que quede junto al dedo 3. Presiona la cuerda, haz que la nota pisada (un Si, un «grado» por encima del tono del Re al aire de la 5ª) suene limpiamente y rasguea las seis cuerdas de la guitarra de grave (6ª) a agudo (1ª).

Un acorde de seis cuerdas

¡Enhorabuena! Acabas de aprender un acorde completo de Mi menor. Dale un descanso a la mano izquierda antes de continuar.

Dos acordes más

Vamos a estudiar otros acordes fáciles que
se pueden producir con la combinación
de cuerdas al aire y pisadas.

Sol mayor (también conocido simplemente como **Sol**) consiste en la nota tónica, un **Sol**, más **Si** y **Re**, notas que también se pueden encontrar (aunque no en este orden) en la 4ª, 3ª y 2ª cuerdas al aire de la guitarra. Rasguéalas por sí mismas procurando que la púa no roce la 1ª cuerda al final del toque. El acorde resultante suena bastante bien, pero podría adquirir más cuerpo; además, como pasaba con nuestra cuerda al aire en el Mi menor, se resiente por no tener su tónica (Sol) como **nota base**. Para remediarlo, presiona la 6ª cuerda con el dedo 2 en el tercer traste, tal y como se muestra en la fotografía. A continuación, pulsa la nota pisada. Si es necesario, corrige el ángulo y la presión del dedo hasta conseguir un sonido claro y luego añade un nuevo Si procedente de la 5ª cuerda, pisando ésta con el dedo 1 en el segundo

traste. Asegúrate de que ninguna de las dos notas produce zumbidos y de que el dedo 2 no pille el lateral de la 5ª cuerda antes de rasguear desde la 6ª hasta la 2ª. Nuestro acorde

Arriba Para comenzar a formar un acorde de seis cuerdas de Sol mayor, pisa la 6ª cuerda de la guitarra con el dedo 2 y obtendrás este Sol, es decir, la nota tónica.

Izquierda Añadir un Si en la 5ª cuerda/2° traste te permitirá tocar un acorde de cinco cuerdas de Sol mayor; al rasguear el patrón sólo se omite la 1ª cuerda.

de Sol resulta ahora rico y sonoro. Sin embargo, para convertirlo en un acorde de seis cuerdas necesitamos una nota más: un Sol que proporciona la 1ª cuerda al ser pisada por el dedo 3 en el tercer traste.

El acorde de Sol completo supone un esfuerzo de estiramiento considerable para tu inexperta mano izquierda, pero en cuanto seas capaz de tocarlo, otras digitaciones más «relajadas» como el acorde de **Do mayor** o **Do** que ilustra la fotografía de la página anterior, te resultarán relativamente fáciles. Nuestro nuevo patrón está formado por una nota tónica de Do producida por el dedo 3 pisando sobre 2ª cuerda/3er traste, un Mi (dedo 2) sobre 4ª cuerda/2º traste y un Do (dedo 1) sobre 2ª cuerda/1er traste. Las cuerdas 3ª y 1ª quedan al aire y el Mi grave no suena. Utiliza la fotografía como guía para colocar los dedos y practica el acorde hasta que cada nota suene de forma limpia y clara.

Superior La digitación de un acorde de seis cuerdas de Sol mayor incorpora la 1ª cuerda pulsada. Fíjate en la posición del pulgar, que proporciona apoyo y estabilidad a los otros dedos.

Arriba Un acorde de cinco cuerdas de Do mayor; su Do tónica proviene de la 5ª cuerda.

Un cuarto acorde y la primera melodía

Aprender acordes resulta satisfactorio, pero no te servirán de mucho hasta que no los pueda emplear en melodías y canciones auténticas. Y eso precisamente es lo que vamos a empezar a hacer a lo largo de las próximas páginas. De hecho, cuando llegues al final de este capítulo vas a ser capaz tanto de tocar una melodía sencilla como de proporcionarle un acompañamiento.

Primero de todo necesitas dominar un acorde más: uno de cuatro cuerdas conocido como **Re mayor** o **Re**.

La nota tónica de Re se encuentra oportunamente en la 4ª cuerda al aire, y cuando rasguees el acorde tienes que comenzar a tocar con la púa desde ahí, omitiendo la 6ª y la 5ª cuerdas. Todas las demás notas tienen que ser pulsadas: el dedo 1 se coloca en el segundo traste sobre la 3ª cuerda para producir un La, mientras que el dedo 3 pisa Re (2ª cuerda/3er traste) y el 2 presiona sobre la 1ª cuerda en el segundo traste, creando así lo que se llama «Fa sostenido». Cada vez que ensayes nuevas posturas, ten paciencia y no te preocupes si te lleva algún tiempo conseguir que las cuerdas suenen limpiamente.

Ahora, vamos a aplicar tu «repertorio» de cuatro acordes a una pieza musical de verdad, la canción titulada *Amazing Grace*. La hemos escogido porque al ser muy popular te resultará mucho más fácil sincronizar los dedos y los movimientos de la púa con la letra y la melodía. Sin embargo, antes de embarcarte en la aventura, dedica un tiempo a tocar tus acordes de Mi menor, Sol, Do y Re en lenta sucesión y alterando el orden de los mismos. Para ayudarte a ello, en esta página se reproducen sus digitaciones en forma esquemática. En cuanto seas capaz de cambiar los dedos de la mano izquierda de un acorde a otro sin torpeza ni demora, echa un vistazo a la letra de *Amazing Grace* que se ha impreso aquí con los acordes encima.

Mim

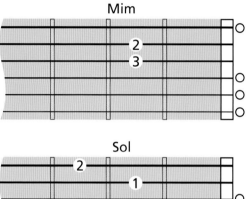

Sol

Do

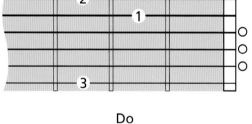

Re

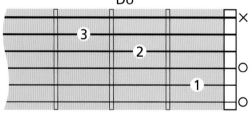

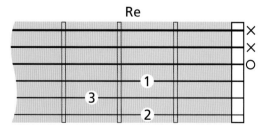

Izquierda Vamos a usar el mismo esquema de acordes en todo el libro. Los nombres de los acordes que ilustramos aparecen encima de los diagramas, mientras que los números rodeados de un círculo indican los dedos que hay que usar para pisar las cuerdas y el lugar donde hay que colocarlos. Las cuerdas al aire (sin pisar) están marcadas con un O y las que están marcadas con una X no deben sonar.

Trata de cantar la melodía (ya sea en voz alta o mentalmente): hazlo primero sin acompañamiento de guitarra y luego añade los acordes dando un simple toque con la púa para cada uno de ellos. Tómate el tiempo que necesites entre cada cambio, y aumenta la

Izquierda Este acorde de Re mayor, cuya digitación aparece en el diagrama de la página anterior, es uno de los cuatro acordes que necesitas para tocar *Amazing Grace*.

Izquierda Vista de la mano derecha realizando un rasgueo. De momento deberías utilizar un solo toque de púa por acorde.

Abajo En *Amazing Grace*, el Mi menor aparece sólo dos veces: una sobre la palabra «wretch», y otra sobre «now».

fluidez y la rapidez a medida que vayas ganando confianza.

Sol   Sol   Do   Sol
Amazing grace! How sweet the sound,

** Sol   Mim   Re**
That saved a wretch like me!

** Sol   Sol   Do   Sol**
I once was lost, but now am found,

Re Sol   Mim Re Sol
Was blind, but now I   see.

Puede que necesites varias horas para practicar la versión de *Amazing Grace* presentada en las páginas anteriores, pero una vez que consigas dominar los cambios de acorde de una forma cómoda y «mecánica» es muy probable que quieras dar a tu interpretación un toque más interesante. Un buen modo de conseguirlo es incrementar el número de golpes de púa que utilizas para acompañar la melodía. Hasta aquí hacías sonar cada acorde una sola vez, pues bien, ahora añade «rasgueos» extra y podrás «apoyar» mejor la melodía, que sonará más animada.

El ritmo de *Amazing Grace* contiene grupos recurrentes de tres tiempos, cada uno de los cuales comprende una pulsación fuerte seguida de otras dos ligeramente más débiles. La primera sílaba de la canción –la A de «Amazing»– es débil; la primera pulsación fuerte recae sobre «ma» y la sucesión de pautas fuerte-débil-débil (los músicos las llaman **compases**) continúa desde aquí hasta el final con los siguientes tiempos fuertes recayendo en «grace», «sweet», «sound», «saved», «wretch», etc. ¿Por qué no rasguear en los tres tiempos haciendo el primer acorde de

cada grupo de tres un poco más fuerte que los otros dos? Te resultará fácil siguiendo la tabla de abajo, donde se muestran la letra, los tiempos (con los fuertes **resaltados**) y los cambios de acorde para toda la canción.

Arriba Hacer sonar el bajo antes de cada acorde al principio de cada compás es un viejo pero efectivo truco de guitarrista. Aquí la púa pulsa la 5ª cuerda proporcionando un Do (la nota tónica) simultáneo a las palabras «sweet» (línea 1) y «now» (línea 3).

Mi menor	Sol	Do	Re
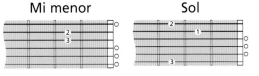	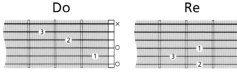		

Sol			**Sol**			**Do**			**Sol**		
A-ma	-	zing	grace!	-		How	sweet	-	the	sound,	-	That
3	*1*	*2*	*3*	*1*	*2*	*3*	*1*	*2*	*3*	*1*	*2*	*3*

Sol			**Mim**			**Re**			**Re**		
saved	-	a	wretch	-		like	me!	-	-			I
1	*2*	*3*	*1*	*2*	*3*	*1*	*2*	*3*	*1*	*2*	*3*

Sol			**Sol**			**Do**			**Sol**			**Re**
once	-	was	lost,	-		but	now	-	am	found,	-	Was
1	*2*	*3*	*1*	*2*	*3*	*1*	*2*	*3*	*1*	*2*	*3*

Sol			**Mim**		**Re**	**Sol**					
blind,	-	but	now	-	I	see.	-	-	-	
1	*2*	*3*	*1*	*2*	*3*	*1*	*2*	*3*	*1*	*2*

Arriba Después de pulsar un Re al aire, la púa continúa su movimiento descendente preparándose para tocar las tres cuerdas siguientes.

Izquierda Cuando rasguees, puede que te resulte más fácil arrastrar la punta de la púa sobre las cuerdas si alteras ligeramente su ángulo, tal y como se muestra en la foto.

Un método aún más efectivo de «aderezar» tu acompañamiento instrumental sería puntear justo la nota tónica o básica de cada acorde especificado sobre el primer tiempo de cada ciclo de tres pulsaciones, seguido por el acorde de 4, 5 o 6 cuerdas en los otros dos tiempos. En el capítulo 4 nos ocuparemos de esta forma, más elaborada, de trabajar con la púa.

Después de acompañar *Amazing Grace* con acordes, ¿qué tal si probamos con la melodía? Para ello necesitas aprender a leer una **tablatura.** Se trata de un sistema de fácil dominio que te muestra en qué parte del diapasón se encuentran las diferentes notas que se requieren para tocar canciones y melodías.

La tablatura consiste en seis líneas que corresponden a las cuerdas de la guitarra; la inferior representa la 6ª cuerda, la inmediatamente superior la 5ª y así sucesivamente. Los números superpuestos sobre las líneas indican las cuerdas que hay que tocar: el cero te indica una cuerda al aire; otros dígitos (del 1 en adelante) señalan el traste en el que hay que pisar la cuerda. Para ver cómo funciona, observa el ejemplo de debajo: contiene la notación en tablatura de los cuatro acordes que has estado utilizando en *Amazing Grace*.

Arriba Nada más tocar las dos primeras notas de la melodía de *Amazing Grace* en las cuerdas Re y Sol al aire, la púa se dirige hacia la nota siguiente: Si en la 2ª cuerda al aire.

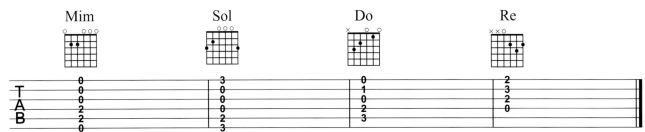

Nuestra segunda tablatura expone una versión algo simplificada de la melodía de la canción, además de su letra y los acordes de acompañamiento; las líneas verticales sobre el diagrama señalan los **compases** de tres tiempos que has aprendido anteriormente. Como puedes ver, la mayoría de las notas procede de cuerdas al aire, comenzando por un Re (4ª cuerda) sobre la sílaba «A». La primera nota pisada, sobre «How», la proporciona la 3ª cuerda presionada en la 2ª posición; el dedo de la mano izquierda recomendado para ejecutar este movimiento (2) se señala con un dígito pequeño encima del diagrama. Otras notas pisadas se señalan de forma similar; enseguida te darás cuenta de que localizar la cuerda correcta, pisarla y pulsar se convierten en algo natural para ti, siempre y cuando sigas practicando.

Izquierda Este Mi obtenido al pisar la 4ª cuerda aparece en los compases 3, 10 y 11 de la melodía; se toca con el dedo 2 en el segundo traste (*véase* la tablatura).

Abajo Las notas de las palabras «like me» (compases 6-7) son La (3ª cuerda/2º traste/ dedo 2) y Re (2ª cuerda/ 3er traste/dedo 3). Si colocas los dos dedos con antelación, darás a la melodía un sonido más suave.

Melodía y acompañamiento

En primer lugar, prueba a tocar la melodía de *Amazing Grace* sola; luego pide a un amigo guitarrista que rasguee los acordes indicados mientras tú la interpretas. También los puedes grabar y utilizar la cinta para acompañarte a ti mismo a la vez que tocas la melodía. Si optas por lo segundo, al grabar cuenta («1-2-3») en voz alta antes de rasguear el primer acorde de Sol; esto te permitirá puntear el Re que abre la canción (para la primera sílaba de «Amazing») sobre el tercer tiempo inmediatamente anterior al acorde.

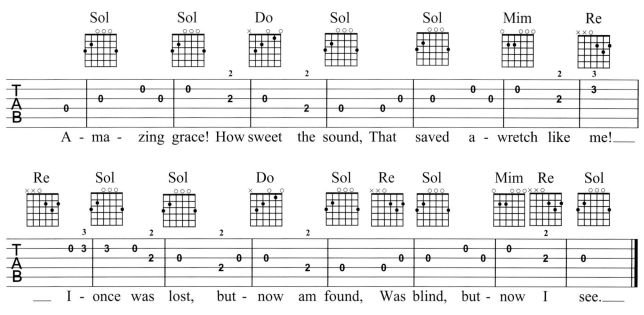

Capítulo 3

El blues

El blues, estilo de aparente simplicidad pero de gran intensidad emocional y flexibilidad infinita, tiene sus raíces en las canciones que trajeron de África los primeros americanos negros. No obstante, posee una habilidad extraordinaria para rejuvenecer y renovar el espíritu, y ha resultado ser un elemento vital de prácticamente todas las tendencias principales que a lo largo del último siglo han caracterizado el jazz y el pop.

Como en un momento u otro todo guitarrista siente la necesidad de tocar blues, este capítulo te proporciona un curso acelerado de sus técnicas fundamentales. Entre ellas se incluyen la estructura «estándar» de 12 compases (aunque, como se verá más adelante, es más propio quebrar la norma que cumplirla) y los acordes de «séptima dominante», que proporcionan a las armonías un nuevo y chispeante aire. Tendrás también oportunidad de ensayar algunos riffs y links sencillos basados en el blues, que podrían convertirse en elementos básicos de tus futuros solos e interpretaciones maestras.

La «rueda básica» de 12 compases

El blues es el estilo que ha ejercido una mayor influencia en la historia de la música popular moderna. Su estructura más elemental, los llamados «12 compases», se ha utilizado en miles de canciones y melodías. Comencemos con una versión sencilla de los «12 compases» interpretando tres acordes que ahora ya te resultan familiares: Sol, Do y Re.

En el capítulo anterior has visto el concepto de compás o grupo de tiempos fuertes y débiles. El fraseo sencillo de un blues típico tiene 12 compases, aunque, a diferencia de los tres tiempos medidos en *Amazing Grace*, los compases del blues contienen generalmente cuatro tiempos: uno fuerte inicial seguido por tres pulsaciones más débiles (**1**-2-3-4). Así es como pueden combinarse con acordes (cada uno de los cuales debería rasguearse una vez en cada tiempo) hasta lograr un ciclo de blues completo de 12 compases con Sol como acorde básico.

Sol	Sol	Sol	Sol
1 2 3 4	*1* 2 3 4	*1* 2 3 4	*1* 2 3 4
Do	Do	Sol	Sol
1 2 3 4	*1* 2 3 4	*1* 2 3 4	*1* 2 3 4
Re	Do	Sol	Re
1 2 3 4	*1* 2 3 4	*1* 2 3 4	*1* 2 3 4

Al final de los 12 compases puedes regresar al 1º para comenzar otra «rueda», o concluir con un simple acorde de Sol.

Esta estructura de 12 compases –el esqueleto del blues– ofrece un margen infinito para añadir y modificar. Un modo clásico de introducir cambios es remplazar algunos de los acordes estándar por «séptimas dominantes», como las de Sol, Do o Re que muestran las fotografías y los diagramas de esta página. Practícalas una a una y luego utilízalas en la secuencia revisada de 12 compases que se muestra a la derecha. En las próximas páginas nos dedicaremos a ellas con más detenimiento.

Arriba La nota aguda del acorde de Sol con séptima (Sol7), pisada en el primer traste de la primera cuerda, es un poco más grave que la utilizada en nuestro acorde de Sol mayor. Como verás en la fotografía y los diagramas, este pequeño cambio supone también volver a digitar las otras dos notas del acorde que ya se pisaban (en la 6ª y 5ª cuerdas).

Sol	Sol	Sol	Sol7
1 2 3 4	*1* 2 3 4	*1* 2 3 4	*1* 2 3 4
Do	Do7	Sol	Sol
1 2 3 4	*1* 2 3 4	*1* 2 3 4	*1* 2 3 4
Re7	Do7	Sol	Re7
1 2 3 4	*1* 2 3 4	*1* 2 3 4	*1* 2 3 4

Izquierda Para el acorde de Do7, el dedo 4 (el meñique) pisa la 3ª cuerda en el tercer traste. El acorde de Do original (*véase* abajo el esquema del centro) deja esta cuerda al aire.

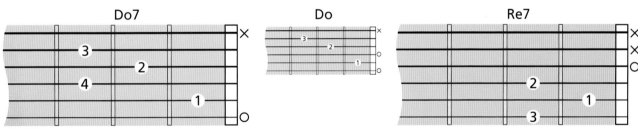

Do7

Do

Re7

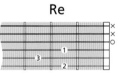

Re

Izquierda Re7 es quizá el más fácil de los tres acordes de nuestro blues. Su sonido característico se debe a la nota modificada que proviene de la 2ª cuerda, que se pisa en el primer traste.

Acordes de «séptima dominante» y riffs

Los tres acordes de séptima dominante que acabas de aprender sólo se diferencian de sus respectivos «padres» en una única nota. Sin embargo, esto basta para dar a los «12 compases» el deseado sabor a blues. Será mejor que estudiemos estos cambios con más detalle.

Sol/Sol7

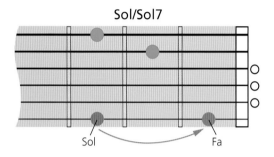

Sol — Fa

• En Sol7, la nota de la cuerda aguda desciende dos trastes pasando de Sol a Fa.

Re/Re7

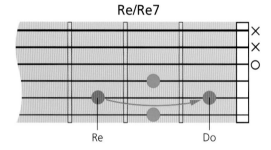

Re — Do

• En Re7, el Re en la 2ª cuerda/3º traste es reemplazado por un Do en la misma cuerda pisada en el primer traste.

Do/Do7

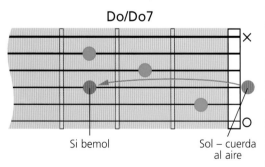

Si bemol — Sol – cuerda al aire

• En Do7, la 3ª cuerda, que en el patrón original de Do se tocaba al aire, se pisa en el tercer traste para producir una nota llamada **Si bemol,** que no habíamos encontrado anteriormente.

Sol7, Re7 y Do7 reciben el nombre de «séptimas dominantes» porque las notas «extra» que contienen (Fa, Do y Si bemol) son versiones modificadas de las penúltimas (es decir, las séptimas) notas en las **escalas** de ocho de Sol, Re y Do, a partir de las cuales se construyen los propios acordes. Estos tecnicismos se explican en profundidad en manuales más avanzados, pero por ahora nos vamos a centrar en sus aplicaciones al blues.

Abajo Lick 1 (*véase la tablatura*). Aquí la 3ª cuerda al aire se combina con notas en la 4ª cuerda pisada por los dedos 2 y 3.

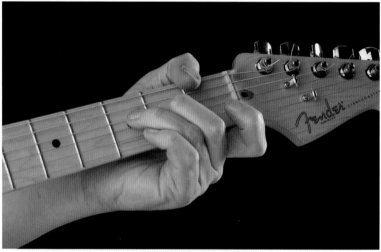

Izquierda En el lick 2, los dedos 2 y 3 «suben» por la 3ª cuerda mientras que la 2ª se pisa en el primer traste.

Izquierda Lick 3, compás 1. Se necesitan todos los dedos de la mano izquierda para tocar las notas sucesivas procedentes de la 3ª cuerda pisada en los trastes 2, 4, 5 y 4. Se combinan con la 4ª cuerda al aire.

Abajo Las notas y la digitación del lick 3, compás 2, son idénticas a las del lick 2.

Ahora que ya sabes qué notas forman los ingredientes activos de las «séptimas dominantes», puedes empezar a formar patrones sencillos pero efectivos (llamados a menudo **licks** o **riffs**) a partir de ellas. Aquí se muestran tres típicos ejemplos «bluseros»: un patrón de dos notas basado en Sol7, donde se combina la cuerda al aire Sol (3ª) con Re, Mi y Fa en la 4ª cuerda; un segundo riff en el que se produce una combinación tipo «Do7» a base de Si bemol y Do en las cuerdas 3ª y 2ª; y una progresión «Re a Re7» tocada en las cuerdas 4ª y 3ª. Este trío de licks se explica abajo en una secuencia de 12 compases junto con los tiempos numerados.

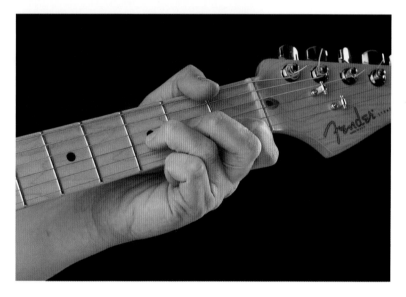

Blues en Mi mayor

*Hemos recorrido un largo camino desde que comenzamos con nuestros acordes en Sol, Do, Re y Mi menor, pero de hecho cada ejercicio realizado hasta ahora ha tenido el Sol mayor como punto de partida y de llegada, con lo que Sol se ha convertido en lo que se conoce como **nota tónica** de todas estas composiciones. Sin embargo, no hay razón que nos obligue a restringirnos en este sentido.*

Somos libres para elegir la «nota tónica» de nuestras canciones y melodías, así como para utilizar sus armonías asociadas para apoyarlas y enriquecerlas. No obstante, la elección de una determinada nota tónica y sus correspondencias hace necesarios nuevos patrones de acordes y digitaciones, lo que afectará notablemente al tipo de sonido que creemos.

Para que aprecies bien un cambio de tono, vamos a tocar un blues en Mi mayor, una de las piezas favoritas de los guitarristas porque permite utilizar ampliamente el Mi grave en su 6ª cuerda al aire. Los diagramas de la página siguiente muestran las posiciones de la mano izquierda para los tres acordes principales de la tonalidad de Mi (Mi, La y Si), así como de sus respectivas séptimas dominantes. Una vez que tus dedos se hayan acostumbrado a las digitaciones, prueba los acordes en la secuencia de 12 compases (abajo), rasgueando en cada tiempo como de costumbre, pero ignorando (por ahora) los acordes adicionales impresos en cursiva (*Mi6, Mi7, Mi6* etc.).

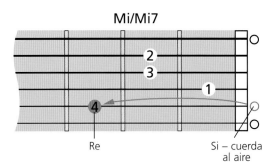

Mi/Mi7

Re — Si – cuerda al aire

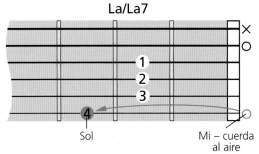

La/La7

Sol — Mi – cuerda al aire

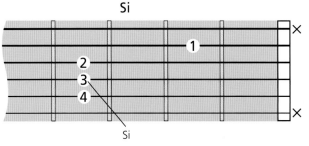

Si

Si

Mi *Mi6 Mi7 Mi6*	**Mi** *Mi6 Mi7 Mi6*	**Mi**	**Mi7**
1 2 3 4	*1* 2 3 4	*1* 2 3 4	*1* 2 3 4

La *La6 La7 La6*	**La** *La6 La7 La6*	**Mi**	**Mi**
1 2 3 4	*1* 2 3 4	*1* 2 3 4	*1* 2 3 4

Si7	**La7**	**Mi**	**Si7**
1 2 3 4	*1* 2 3 4	*1* 2 3 4	*1* 2 3 4

Si7

La

Como habrás podido apreciar, bajar el tono añade riqueza y resonancia, y nos permite embellecer aún más nuestros 12 compases. Las fotografías de la derecha muestran cómo los patrones básicos de Mi/Mi7 y La/La7 se pueden ampliar con notas extra, de modo similar a los riffs de las dos últimas páginas. De esta manera se producen los llamados «acordes de sexta», que crean un vínculo entre los acordes mayores y las séptimas dominantes. Llegar a dominar los acordes mayores y las progresiones de sexta y de sépti-

Derecha y abajo
(Derecha) Un acorde
de Mi6 (*véanse* las
cursivas en el ejercicio).
Este patrón es un Mi
mayor «normal» con
una nota extra pisada
por el dedo 4 en la 2ª
cuerda/2° traste.
Forma un práctico
«puente» musical entre
los acordes de Mi y
Mi7 ilustrados en la
fotografía inferior
izquierda.

Arriba e izquierda Igual que Mi6, La6 (arriba)
es un acorde de paso. Se forma pisando con el
dedo 4 la 1ª cuerda/2° traste; a partir de aquí,
el meñique puede deslizarse hacia arriba hasta
el tercer traste para producir un La7, como se
muestra en la foto de la izquierda.

ma (que como indican las letras en cursiva
deberían entrar en acción en los compases 1,
2, 5 y 6 del blues) puede llegar a suponer todo
un reto para tu meñique, que tiene que subir
constantemente por la 1ª y 2ª cuerdas para
alcanzar las notas requeridas. Sin embargo,
los satisfactorios resultados compensarán ampliamente todo esfuerzo.

Shuffle de 8 compases

Los términos «12 compases» y «blues» pueden parecer sinónimos, sin embargo, los auténticos intérpretes de este estilo con frecuencia se «desvían» de la estructura de fraseo de «manual» que hemos venido ejercitando hasta aquí.

En las primeras grabaciones de blues realizadas en las décadas de 1920 y 1930, los cantantes y músicos utilizaban rara vez cambios de acordes regulares o fraseos de longitud previsible, actitud que compartieron con frecuencia estrellas posteriores como John Lee Hooker. Son también numerosas las piezas de blues clásicas, tanto antiguas como modernas, con estructuras de 8 y 16 compases. De igual manera, los músicos actuales de primera línea refrescan y avivan continuamente las raíces tradicionales de la música añadiendo a sus canciones frescas armonías y giros rítmicos inesperados.

El blues que vamos a trabajar en lo que queda de este capítulo incorpora algunas de estas «interpretaciones especiales». Tiene una longitud de 8 compases, contiene algunos acordes modificados (aunque la mayoría de ellos ya los conoces) y se basa en un ritmo «shuffle» que pronto obligará a tu púa a ejecutar algo más que un simple rasgueo. Sin embargo, comenzaremos como siempre con la mano sobre los trastes. He aquí algunos patrones básicos que necesitas para esta pieza.

Un «trío» de «séptimas dominantes»

El Re7, que se muestra abajo, debería resultarte familiar desde las páginas 38-41, mientras que los otros dos acordes son versiones con un sonido ligeramente diferente de las digitaciones de La7 y Mi7 que aparecían en el último ejercicio. Los tres patrones son muy sencillos (un poco más adelante les haremos algunas variaciones). No obstante, ensáyalos por ahora en la secuencia que aparece al final de la página 45, aplicando un solo

Arriba El nuevo acorde de La7 (representado también en el diagrama adjunto). Contiene nada menos que tres notas al aire —procedentes de la 1ª, 3ª y 5ª cuerdas— y es evidente que su sonido tiene mucha más resonancia que el La7 que aprendiste en las páginas 42 y 43.

La7

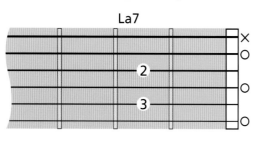

Mi7

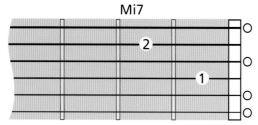

Re7

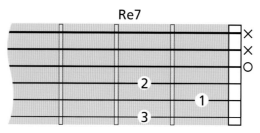

Arriba El acorde Re7 que se utiliza en este blues de **8** compases es exactamente el mismo que has utilizado anteriormente.

Izquierda Este Mi7, al igual que el La7 de la página 44, está lleno de cuerdas al aire y puede hacer retumbar el suelo si lo tocas con una guitarra eléctrica.

toque de púa por cada tiempo de sus 8 compases. Como ocurre en el blues de 12 compases, el ciclo puede repetirse infinitamente (hasta que tú –o tus vecinos– os hartéis) o concluir con un simple acorde de La7 después del compás 8.

La7	La7	Re7	La7
1 2 *3* 4	*1* 2 *3* 4	*1* 2 *3* 4	*1* 2 *3* 4

Mi7	Re7	La7	Mi7
1 2 *3* 4	*1* 2 *3* 4	*1* 2 *3* 4	*1* 2 *3* 4

Ha llegado el momento de hacer realidad el título del ejercicio: convertir nuestro blues de 8 compases en un «shuffle». La teoría que se esconde detrás de este ritmo irresistible puede resultar un poco desalentadora, pero en cuanto empieces a tocarlo la dificultad pasará a segundo plano, sobre todo porque podrás reconocer su «punto» característico en incontables grabaciones de blues y pop.

Todos los ejercicios de blues que hemos realizado hasta ahora constaban de compases de cuatro tiempos (*1-2-3-4*). El shuffle los mantiene, pero **subdividiendo** en **tres** cada tiempo. Para que te hagas una idea de cómo funciona, cuenta «*1-2-3-4*» unas cuantas veces, a continuación divide los tiempos diciendo: «**1***,2,3–2,2,3–3,2,3–4,2,3*». (Evidentemente, los «tresillos» de la subdivisión tienen que encajar en los cuatro tiempos principales sin cambiar la velocidad.) En cuanto seas capaz de contar o de tocar palmas al ritmo del shuffle, coge la guitarra, selecciona un acorde de seis cuerdas, como el Mi7 que acabas de aprender, y rasguea las doce subdivisiones shuffle, golpeando con el pie o contando en voz alta los tiempos para mantener el ritmo. Continúa aplicando el shuffle a un La7 y un Re7 y procura que tu atareada púa no roce accidentalmente las cuerdas «prohibidas».

Tras unos minutos tocando acordes de forma vigorosa puede ser que la mano que rasguea

se te empiece a cansar. Un buen modo de aliviar la fatiga muscular y reducir el excesivo movimiento de mano y muñeca cuando interpretes ritmos shuffle es alternar toques de púa ascendentes y descendentes (*véanse* las fotografías). Al principio puede que te resulte difícil controlar el movimiento ascendente, pero sigue practicando hasta que seas capaz de producir acordes con un volumen y una textura exactamente iguales, sea cual sea la dirección en que muevas la púa.

Vuelve a rasguear

Mientras intentabas dominar el shuffle has estado ejecutando la impresionante cantidad de 12 acordes por compás, así que te resultará un alivio saber que en nuestro blues de 8 compases sólo vas a tocar la **primera** y la **tercera** subdivisiones de cada tiempo. El ejercicio de abajo te ayudará a conseguirlo; cuando practiques, ve contando el ritmo marcado junto a las letras de los acordes, pero no rasguees en los «2» que están entre paréntesis. La letras *d* (descendente) y *a* (ascendente) te indican la dirección de la púa.

La7
1-*(2)-3* 2-*(2)-3* 3-*(2)-3* 4-*(2)-3*
d   a   d   a   d   a

Mi7
1-*(2)-3* 2-*(2)-3* 3-*(2)-3* 4-*(2)-3*

Re7
1-*(2)-3* 2-*(2)-3* 3-*(2)-3* 4-*(2)-3*
d   a   d   a (etc.)

La7
1-*(2)-3* 2-*(2)-3* 3-*(2)-3* 4-*(2)-3*

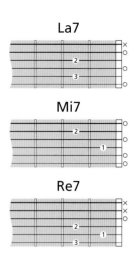

La7

Mi7

Re7

Arriba Recuerda las digitaciones de los tres acordes que vas a utilizar en el ejercicio de «shuffle» que se muestra abajo.

Izquierda Inicio de un acorde de Re7 en sentido descendente; las cuerdas 5ª y 6ª permanecen en silencio.

46

Arriba Un modo eficiente de puntear acordes en rápida sucesión es alternar los movimientos de púa ascendentes y descendentes.

Abajo Cuando rasguees con fuerza, como en este ejercicio, procura no tensar la muñeca derecha.

Arriba Para obtener un sonido más suave al rasguear, procura que la púa tan sólo roce las cuerdas.

En breve empezarás a combinar tus acordes de acompañamiento con una sencilla línea de guitarra solista en un ciclo de blues completo. Antes vamos a detenernos en los acordes sin nombre que llevan un asterisco en los compases 1 y 5 de la tablatura de la página siguiente (sin contar el pequeño compás introductorio). El primero es como un La7, pero colocando el acorde un traste a la izquierda de su posición normal. El segundo es un Re7 con un desplazamiento similar. Ambos son «acordes de paso» tocados con un solo golpe de púa antes de los acordes de La7 y Re7 de los que se derivan para producir un efecto armónico «deslizante» característico de la guitarra de blues. Después de tocar estos acordes (ambos de abajo arriba), sólo tienes que deslizar los dedos de la mano izquierda por el mástil hasta llegar a La7 y Re7, tal y como se muestra en las fotografías.

Cuando trabajes el **acompañamiento** de nuestro blues de 8 compases, cuenta un compás de silencio («**1**,*2,3*–**2**,*2,3*–**3**,*2,3*–**4**,*2,3*–») antes de empezar a tocar. El último tiempo («**4**,*2,3*») se corresponde con el pequeño compás del comienzo de la tablatura para el que no hay acompañamiento. El primer acor-

de (La7) lo debes tocar en el primer tiempo del primer compás completo, rasgueando las cuerdas de arriba abajo. Toca únicamente en los tiempos primero y tercero de cada compás (tal y como indican los números que hay debajo del pentagrama) alternando la dirección de la mano –arriba y abajo–, igual que en el ejercicio anterior.

Añadir una melodía

La línea melódica para el blues constituye una parte independiente que se anota dentro de la TAB. Para ella sólo se emplean las tres cuerdas agudas y sus notas se colocan encima de los compases/subdivisiones en los que deben ser tocadas. Al practicar la melodía sin acompañamiento (inténtalo lentamente al principio), cuenta «**1**,*2,3*–**2**,*2,3*–**3**,*2,3*» y toca las tres notas de la breve introducción haciéndolas coincidir con el cuarto tiempo.

Al igual que sucede con la interpretación de *Amazing Grace*, sacarás el mejor provecho de este ejercicio si grabas primero los acordes de acompañamiento (empieza marcando el tiempo contando con la voz) y después el solo «en vivo» por encima, o si convences a otro guitarrista para que te acompañe.

Arriba La variante del acorde de La7 del primer compás completo, tal y como aparece descrito en el texto. Es un acorde de La7 normal y corriente en las cuerdas 2ª y 4ª en el que los dedos se han deslizado hasta el traste anterior.

Página siguiente Los acordes son la base de este ejercicio. Asegúrate de tocarlos con un ritmo uniforme, utilizando golpes hacia abajo y hacia arriba como anteriormente.

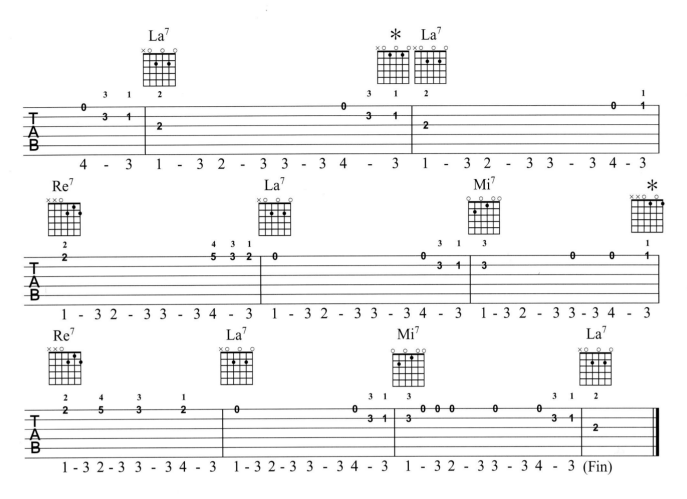

Capítulo 4

La mano derecha

Hay muchos métodos para modificar o «individualizar» el sonido de tu guitarra. Algunos de ellos requieren la compra de instrumentos hechos a medida y de equipos auxiliares cuyo precio oscila entre varios cientos y miles de euros. Sin embargo, hay un pequeño cambio muy significativo que puedes hacer ahora mismo y que no te va a costar nada. Es más, puede ahorrarte algo de dinero, ya que consiste en utilizar las uñas o la yema de los dedos en sustitución de la púa. De esta forma no sólo modificarás el sonido sino que, además, podrás realizar combinaciones de notas y acordes con tu mano derecha que hasta el momento eran impensables. También te permitirá crear patrones rítmicos suaves u ondulantes que sonarán muy bien con el acompañamiento de voces y de otros instrumentos. Sigue las instrucciones de las siguientes páginas para dominar la técnica del llamado *fingerstyle*, que sólo utiliza los dedos. Pronto descubrirás que podrás combinarlo con la púa…

¿Púa o dedos?

La púa es una herramienta excelente para tocar acordes, como has podido comprobar en el capítulo anterior, o para realizar estridentes interpretaciones solistas. La púa produce un sonido percusivo extraordinariamente crujiente, protege los dedos de los daños que puede ocasionar el rasgueo repetido y rápido de las cuerdas y, si se rompe o desgasta, puede sustituirse inmediatamente, a diferencia de una yema dolorida o una uña rota.

A pesar de ello, muchos intérpretes de guitarra eléctrica y acústica prefieren no usar la púa. Las púas son anatemas para los guitarristas clásicos y flamencos, cuyos instrumentos de cuerdas de nailon han sido especialmente diseñados para las técnicas de la interpretación con los dedos. Algunos intérpretes de jazz y de rock creen, además, que la púa estropea su toque, por lo que prefieren el contacto directo con las cuerdas. Entre estos últimos se encuentra Mark Knopfler, del grupo Dire Straits, y el veterano del rhythm-&-blues británico Wilko Johnson, quien protege los dedos de su mano derecha con una capa de pegamento industrial antes de subir al escenario. Para otros músicos, el problema de la púa es simplemente que no les permite alcanzar las notas que necesitan. El hecho de no poder tocar simultáneamente grupos de cuerdas no adyacentes puede dificultar la realización de algunos acompañamientos de música popular o hacer imposible la interpretación de partes más elaboradas para guitarra sin recurrir a los dedos y a las uñas.

Este capítulo ofrece una sucinta introducción a la interpretación con los dedos y muestra algunas de las formas para combinar los dedos de la mano derecha con la púa a fin de ampliar su registro y sus posibilidades. Antes de comenzar, debes asegurarte de que tus uñas están en buenas condiciones para el siguiente ejercicio. Córtalas para que tengan la longitud mostrada en la fotografía de la derecha y comprueba que los bordes sean regulares para evitar que las cuerdas se enganchen o rasguen. Algunos músicos se cortan las uñas de la mano derecha casi tan cortas como las de la mano izquierda y tocan las cuerdas con las yemas de los dedos. Este método, sin embargo, genera un sonido sordo y carente de volumen, y suele provocar inflamaciones e incomodidad, a diferencia de la combinación de uña y púa preferida por la mayoría de los intérpretes de *fingerstyle*.

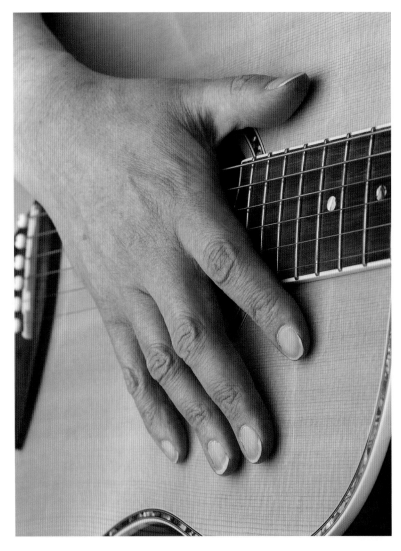

Abajo Para la técnica *fingerstyle* las uñas de los dedos índice, medio y anular deben sobresalir un poco por encima de las puntas. La uña del dedo pulgar puede ser más larga.

Fingerpicking básico

Cuando te prepares para tocar sólo con los dedos, coloca tu mano derecha tal como se muestra en la fotografía. Deja reposar el pulgar sobre la sexta cuerda y el índice, el medio y el anular, en la tercera, segunda y primera respectivamente. Aquí no utilizaremos el meñique, si bien este dedo se usa en algunas técnicas especializadas del flamenco.

La función principal del pulgar es tocar las notas graves de las tres últimas cuerdas; raramente las rasguea y, por motivos obvios, sólo se desliza de arriba abajo. Los tres dedos restantes se encargan efectivamente de las cuerdas que están «ocupando» y normalmente se deslizan hacia arriba rasgueándolas; a veces el índice (unido a los otros dedos) también puede «rozar» varios grupos de cuerdas, como si fuese una púa.

Ahora, forma un acorde de Sol (*véase* el diagrama) y toca la sexta cuerda con el pulgar. Mientras está vibrando toca las cuerdas tercera, segunda y primera sucesivamente con los dedos correspondientes; finalmente rasguea rápidamente las tres cuerdas agudas con el borde de la uña de tu dedo índice. (No toques las cuerdas quinta y cuarta.) Practica hasta que el sonido sea claro y suave y asegúrate de no «apagar» ninguna de las cuerdas que estén vibrando con la muñeca o con un dedo que no estés usando. Una vez te hayas acostumbrado a la sensación de tocar sin púa, aumenta el ritmo contando dos compases de cuatro tiempos lentos y sincronizando tu pulsación y rasgueo como se muestra a continuación. Añade una nota nueva (un Re al aire, pulsado con el pulgar) al inicio del compás 2:

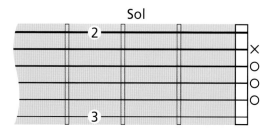

Sol

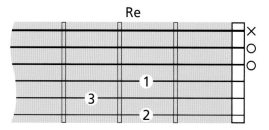

Re

Abajo Esta fotografía muestra el ángulo óptimo para los dedos de tu mano derecha y la posición del pulgar sobre la cuerda antes de pulsar.

Compás 1: (acorde Sol)

Pulsa la 6ª cuerda (Sol)	Pulsa la 3ª cuerda (Sol)	Pulsa la 2ª cuerda (Si)	Pulsa la 1ª cuerda (Sol)
1	*2*	*3*	*4*

Compás 2: (acorde Re)

Pulsa la 4ª cuerda (Re)		Rasguea las 3 cuerdas agudas	
1	*2*	*3*	*4*

Repite este esquema aumentando gradualmente la velocidad. Intenta después combinarlo con una figura parecida de dos compases basada en un acorde de Re.

Compás 1: (acorde Re)

Pulsa la 4ª cuerda (Re)	Pulsa la 3ª cuerda (La)	Pulsa la 2ª cuerda (Re)	Pulsa la 4ª cuerda (Fa# – es decir, Fa sostenido)
1	*2*	*3*	*4*

Compás 2: (acorde Re)

Pulsa la 5ª cuerda (La)		Rasguea las 3 cuerdas agudas	
1	*2*	*3*	*4*

Acordes arpegiados

Los **acordes arpegiados** como éstos, con notas graves ligeramente vibrantes, son los favoritos de los guitarristas de música country
y popular. Un poco más adelante aprenderás
algo más sobre los métodos de estos músicos
que emplean la técnica *fingerstyle*.

Abajo Después de
pulsar las cuerdas,
asegúrate de que los
dedos o la muñeca no
apaguen las notas y
los acordes que acabas
de tocar.

Derecha Aquí, el
pulgar acaba de pulsar
la sexta cuerda y los
demás dedos están
listos para tocar la
tercera, la segunda
y la primera.

Pulsación y ligado ascendente

La técnica para la mano derecha que acabas de aprender también
funciona bien en otros acordes, aunque es especialmente efectiva cuando
una o ambas notas graves alternantes provienen de una cuerda al aire.

Ésta es la forma en que el *fingerpicking* puede utilizarse con los acordes de La y Mi:

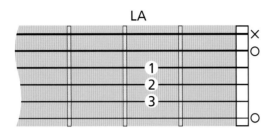

LA

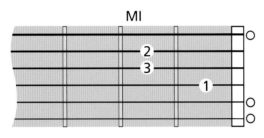

MI

Compás 1 (acorde La):

Pulsa la 5ª cuerda (La)	Pulsa la 3ª cuerda (La)	Pulsa la 2ª cuerda (Do#)	Pulsa la 1ª cuerda (Mi)
1	*2*	*3*	*4*

Compás 2 (acorde La):

Pulsa la 4ª cuerda (Mi)		Rasguea las 3 cuerdas agudas	
1	*2*	*3*	*4*

Compás 3 (acorde Mi):

Pulsa la 6ª cuerda (Mi)	Pulsa la 3ª cuerda (Sol#)	Pulsa la 2ª cuerda (Si)	Pulsa la 1ª cuerda (Mi)
1	*2*	*3*	*4*

Compás 4 (acorde Mi):

Pulsa la 5ª cuerda (Si)		Rasguea las 3 cuerdas agudas	
1	*2*	*3*	*4*

(Vuelve al compás 1, o acaba con un acorde de La rasgueado.)

Ahora vamos a añadir otro elemento a nuestro esquema *rippling* tocando una nota grave en cada uno de los dos acordes como un ligado ascendente. Esto supone pulsar una cuerda y generar una segunda nota con esta misma cuerda sin golpear con otro dedo distinto. Inténtalo tocando un Re al aire sobre la 4ª cuerda con el pulgar derecho. Después de pulsar, desliza el dedo índice de la mano izquierda en la misma cuerda sobre el segundo traste con un poco más de fuerza de lo normal. La energía de la pulsación inicial del pulgar unida al impacto causado por la pulsación en la cuerda debe ser suficiente para

Arriba El dedo índice de la mano izquierda colocado en la cuarta cuerda en ligado ascendente en el segundo traste, tal como se describe aquí.

generar un sonoro Mi ligado ascendente en la 4ª cuerda/2º traste.

También puedes «golpear» la 5ª cuerda (La) en el segundo traste con el dedo medio para crear un Si ligado. Después de practicar un poco podrás combinar los ligados ascendentes Re/Mi y La/Si con los acordes La y Mi en el ejercicio inferior modificado. Siempre que veas la indicación **L/A,** realiza un ligado ascendente al comienzo del primer tiempo mientras mantienes sujetas de forma normal las demás notas que estás pulsando (*véanse* las fotografías).

Compás 1 (acorde La):

Pulsa la 5ª cuerda (La)	Pulsa la 3ª cuerda (La)	Pulsa la 2ª cuerda (Do#)	Pulsa la 5ª cuerda (Mi)
1	*2*	*3*	*4*

Compás 2 (acorde La):

L/A 4ª cuerda Re/Mi		Rasguea las 3 cuerdas agudas	
1	*2*	*3*	*4*

Compás 3 (acorde Mi):

Pulsa la 6ª cuerda (Mi)	Pulsa la 3ª cuerda (Sol#)	Pulsa la 2ª cuerda (Si)	Pulsa la 1ª cuerda (Mi)
1	*2*	*3*	*4*

Compás 4 (acorde Mi):

L/A 5ª cuerda La/Si		Rasguea las 3 cuerdas agudas	
1	*2*	*3*	*4*

(Vuelve al compás 1, o acaba con un acorde de La rasgueado.)

Arriba Otro ligado ascendente; esta vez sobre la 5ª cuerda/ 2º traste para tocar la nota Si.

Abajo Ligado ascendente sobre la 4ª cuerda/2º traste mientras se ejecuta un acorde de La. (¡Aunque parezca lo contrario, el meñique no toca la 1ª cuerda!)

¡Una vez que domines esta forma de tocar verás la cantidad de acordes que podrás enlazar y modificar con los ligados ascendentes!

Arriba La mano derecha para el ligado ascendente del acorde de La (pág. anterior).

Tocando por sextas

Como acabamos de ver, el fingerstyle *es ideal para tocar acordes de varias cuerdas y conseguir un sonido intenso. También es útil si sólo queremos tocar pares de notas porque nos permite alcanzar los tonos que necesitamos con casi todas las combinaciones de cuerdas.*

Una de las combinaciones de dos notas más interesantes y efectivas son las escalas por **sextas**. Reciben este nombre porque están separadas por los nombres de seis notas. Como la distancia entre la 3ª cuerda al aire y la 1ª, y entre la 4ª y la 2ª es de una sexta (la secuencia de notas de cuerda a cuerda es SOL-la-si-do-re-MI [3ª/1ª] y RE-mi-fa-sol-la-SI [4ª/2ª]), resulta fácil conseguir este intervalo tan grato al oído. Normalmente, estas cuerdas no podrían tocarse así con una púa porque se interpondrían las cuerdas 2ª y 3ª.

El ejercicio de la tablatura inferior te convencerá de la calidad del sonido de una escala por sextas. Como en el ejercicio no se ha indicado ningún ritmo, puedes repetir las notas tantas veces como quieras. Utiliza el pulgar de la mano derecha para tocar la 4ª cuerda, y el índice, el medio y el anular para la 3ª, la 2ª y la 1ª. La posición de los dedos de la mano izquierda viene indicada por los números sobre el pentagrama.

Izquierda El segundo intervalo de sexta en el compás 1 del primer ejercicio. Los dedos 2 y 3 están colocados, respectivamente, sobre las cuerdas 4ª y 2ª en el segundo traste. El índice, sobre la 3ª cuerda/1er traste para la siguiente nota pisada.

Izquierda La digitación para el segundo par de notas en el compás 2, abajo. El dedo 3 pisa la 1ª cuerda en el cuarto traste y la nota resultante se combina con la 2ª cuerda al aire. El dedo 2 «flota» sobre el mástil.

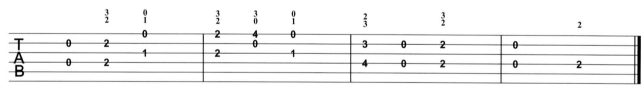

Más a la izquierda El primer grupo de notas del compás 3 del ejercicio anterior tocado en la 2ª y 4ª cuerdas.

Izquierda Vuelta al segundo traste para el último acorde en el compás 3.

Tocar estas escalas por sextas no exige emplear ni todos los dedos de tu mano derecha ni todas las cuerdas de la guitarra; es más, ¡aún quedan dedos y cuerdas libres para añadir una línea grave a las notas que estás tocando! Inténtalo: el ejercicio es más fácil de lo que parece porque todas las notas que se añaden proceden de cuerdas al aire, aunque tendrás que cambiar la posición de los dedos de la mano derecha, como se muestra en la siguiente tablatura.

Izquierda Segundo ejercicio: esta digitación (para compás 1, segundo par y compás 3, tercer par) se combina con una 5ª cuerda al aire.

Abajo La última nota del ejercicio 2: el dedo 2 pisa la 4ª cuerda/ 2º traste mientras siguen sonando las cuerdas 6ª y 2ª.

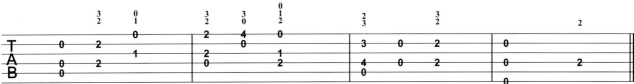

Trucos para el punteo

Hay otros muchos intervalos por sextas que resultan fáciles de realizar en el mástil; algunos de ellos se presentan en el capítulo 5. Hasta entonces, volvamos a los que acabas de tocar para probar un método de digitación alternativo y sorprendente de la mano derecha.

Como ya sabes, el principal inconveniente de la púa es la imposibilidad de tocar simultáneamente cuerdas que no sean adyacentes. Aun así, a veces podemos salvar este problema utilizando la púa en combinación con los dedos. Sujeta la púa de la forma habitual, entre el pulgar y el índice, y colócala sobre la 4ª cuerda; después, mueve tu dedo medio como si quisieras tocar la 2ª cuerda (*véanse* las fotografías). Ahora, la púa y el dedo sí pueden tocar el par de la 4ª y 2ª cuerdas con el que comienza nuestro ejercicio por sextas. Para las demás notas mueve la mano hacia abajo hasta las cuerdas 3ª/1ª.

Esta técnica es muy útil pero tiene claras limitaciones. Una forma más versátil de golpear las cuerdas con los dedos y conservar algo del ataque duro y crujiente que conlleva la púa es mediante el uso de **fingerpicks.** Estos accesorios de plástico o de metal que se colocan en los dedos de la mano derecha, incluido el pulgar, crean una fuerza tonal mayor que las uñas y las yemas de los dedos. A pesar de ello, muchos guitarristas los encuentran incómodos y prefieren alternar entre el *fingerstyle* estándar y la interpretación con púa según las necesidades y aceptar las inevitables diferencias en el sonido.

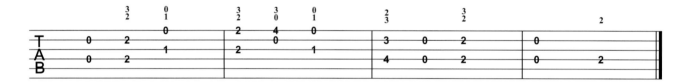

Arriba Un rasgueo estándar de arriba abajo con la púa a punto de tocar la 4ª cuerda.

Derecha El uso de la púa junto con el dedo medio te permite tocar dos cuerdas a la vez.

Apagado de las cuerdas

La mano que rasguea las cuerdas también puede **apagarlas.** La mejor forma de conseguirlo es cuando tocas notas aisladas o acordes con una púa mientras el dorso de la mano derecha descansa delante del puente de la guitarra para rozar las cuerdas. El resultado –un sonido ligeramente amortiguado pero con algo del «timbre original» de las notas– te resultará familiar de muchas canciones de pop. Aun así tendrás que seguir practicando para lograr la presión correcta de la muñeca.

Otras formas menos habituales para conseguir sonidos novedosos de las cuerdas incluyen el uso de varios dispositivos electrónicos de mano. El más famoso de ellos es el «EBow», que puede generar notas interminablemente sostenidas. Lo utilizan estrellas como Eddie Van Halen y The Edge de U2.

Arriba, a la izquierda
La púa y el dedo medio tocan el último par de notas en el compás 1 del ejercicio.

Izquierda Para tocar las cuerdas 2ª y 1ª se emplea la combinación de púa y dedo.

Abajo, a la izquierda
Las digitaciones de la mano izquierda del ejercicio (como ésta para el final de los compases 1 y 2) no cambia.

Abajo Los *fingerpicks* producen un sonido más fuerte que las uñas, aunque no gustan a todos los artistas.

Capítulo 5

Explorar el mástil

Las notas y los acordes que has aprendido se tocan con las cuerdas al aire o en los primeros cinco trastes y, para las partes sencillas y las armonías elementales, a menudo no es necesario conocer las posiciones superiores en el mástil. En cualquier caso, las guitarras acústicas poseen un mínimo de 14 trastes y son fácilmente accesibles para la mano izquierda, mientras que las eléctricas, con sus profundos *cutaways*, permiten alcanzar una extensión del mástil aún mayor. ¿Para qué sirve el mástil? ¿Cómo puedes aprender a utilizarlo de forma adecuada?

Algunas de las respuestas a estas preguntas son muy sencillas. Los trastes superiores proporcionan notas más agudas y permiten acceder a los armónicos, sonidos inconfundibles parecidos al de una campana con los que un poco más adelante experimentarás. El mástil posee, además, otras posibilidades musicales. Este capítulo te ayudará a descubrir los secretos de esta extensión de madera y metal para poder disfrutar de todas sus posibilidades a la hora de hacer tu música.

Scarborough Fair

En las siguientes seis páginas aprenderás a tocar y a acompañar de diferentes formas la canción popular inglesa Scarborough Fair, *un proceso que te llevará a zonas del mástil desconocidas hasta el momento. Sin embargo, ahora quedémonos en los trastes más bajos para que practiques las notas básicas y las armonías de la pieza.*

Cinco de los seis acordes que necesitas para esta canción ya los has utilizado en los ejercicios anteriores y, como verás, el único acorde nuevo es mucho más sencillo de realizar que lo que pueda sugerir su nombre: Si7sus4.

Una canción clásica

Si ya conoces la melodía de la canción *Scarborough Fair* (tiene una pulsación de tres tiempos, como la anterior *Amazing Grace*), intenta cantarla o tararearla con los acordes directamente.

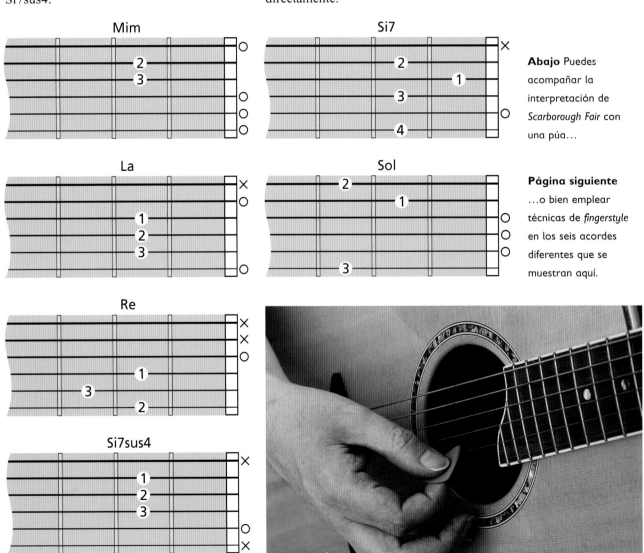

Abajo Puedes acompañar la interpretación de *Scarborough Fair* con una púa...

Página siguiente ...o bien emplear técnicas de *fingerstyle* en los seis acordes diferentes que se muestran aquí.

La canción es lenta y suave, por eso quizás prefieras rasguear sólo el primer tiempo de cada compás. Alternativamente puedes experimentar con alguna de las técnicas de *rippling* que hemos visto en el capítulo anterior, utilizando el pulgar de tu mano derecha para tocar la nota tónica de cada acorde (éstas aparecen escritas encima de los diagramas, en la página anterior), antes de tocar las cuerdas más agudas con los demás dedos.

Mim			**Mim**			**Re**			**Mim**		
Are	-	you	go-	ing	to	Scar-	bo-	rough	Fair?	-	-
1	*2*	*3*	*1*	*2*	*3*	*1*	*2*	*3*	*1*	*2*	*3*

Mim			**Mim**			**La**			**Si7sus4**		
Par-	-	sley,	sage,	-	rose-	ma-	ry	and	thyme;	-	-
1	*2*	*3*	*1*	*2*	*3*	*1*	*2*	*3*	*1*	*2*	*3*

Si7		
-	-	Re-
1	*2*	*3*

Mim			**Sol**			**Sol**			**Re**		
mem	-	ber	me	-	to	one	who	lives	there,	-	-
1	*2*	*3*	*1*	*2*	*3*	*1*	*2*	*3*	*1*	*2*	*3*

Mim			**Mim**			**Re**			**Mim**		
She	-	once	was	a	true	lo-	ver	of	mine.	-	
1	*2*	*3*	*1*	*2*	*3*	*1*	*2*	*3*	*1*	*2*	*3*

La tablatura de acordes y melodías de *Scarborough Fair* que se muestra abajo te permitirá tocar la línea de la melodía como solista (la digitación de la mano izquierda aparece, como es habitual, encima del pentagrama), o con el acompañamiento de un amigo o una grabación.

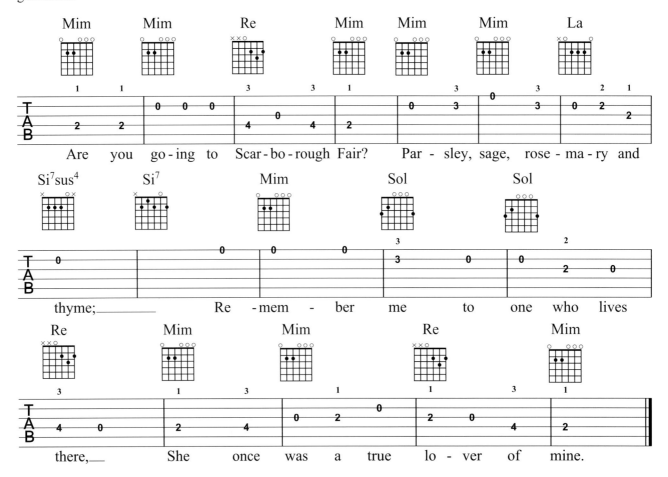

Mim	Mim	Re	Mim	Mim	Mim	La

Are you go-ing to Scar-bo-rough Fair? Par-sley, sage, rose-ma-ry and

| Si⁷sus⁴ | Si⁷ | Mim | Sol | Sol |

thyme;___ Re -mem - ber me to one who lives

| Re | Mim | Mim | Re | Mim |

there,___ She once was a true lo - ver of mine.

Arriba Digitación de la mano izquierda para la parte 1 de *Scarborough Fair*, como se muestra en la tablatura de la página siguiente.

Derecha Las dos notas pisadas para la parte 1b de *Scarborough Fair* provienen de los trastes 2° y 3° sobre la 1ª cuerda.

Subir por el mástil

Cuando toques la canción, quizás te parezca que su sonido es bueno pero algo opaco e indefinido, y que los acordes a veces parecen apagar la melodía. La mejor manera de solucionar este problema es elevar el **tono** de la melodía para alejarla de la parte del espectro musical que está compartiendo con el acompañamiento. Para conseguirlo tienes que subir por el mástil y aprovechar las notas más agudas que sólo puede proporcionar la 1ª cuerda. No obstante, abandonar los trastes inferiores, más familiares, puede resultar incómodo al principio, así que haz el cambio gradualmente relacionando todas las digitaciones nuevas con las que ya conoces.

Para comenzar con el proceso intenta tocar los tres fragmentos de *Scarborough Fair* que se muestran en la siguiente tablatura. Cada uno de ellos aparece en su versión original en tono más bajo y después en el registro más alto que más adelante utilizarás para toda la melodía de la canción.

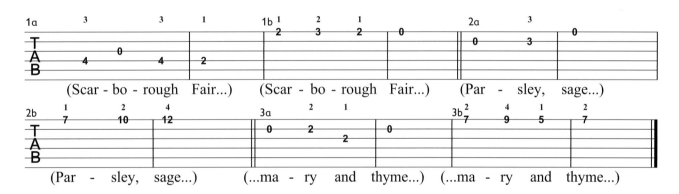

(Scar - bo - rough   Fair...)   (Scar - bo - rough   Fair...)   (Par - sley,   sage...)

(Par - sley,   sage...)   (...ma - ry   and   thyme...)   (...ma - ry   and   thyme...)

Arriba Sección 2b de la canción: aquí, el dedo índice pisa la 1ª cuerda/7° traste para producir la primera nota («Par-»); debes estirar los dedos 2 y 4 para colocarlos, respectivamente, en los trastes 10° y 12° para «-sley» y «sage».

Izquierda «...ma-ry and thyme» (parte 3b en la tablatura). La primera de las tres notas corresponde al 7° traste (dedo 2), la segunda, al 9° traste (dedo 4) y la tercera, al 5° traste (dedo 1), todas en la primera cuerda.

Las tres secciones de *Scarborough Fair* presentadas en las páginas anteriores puede que no tengan mucho sentido musical interpretadas de forma independiente, pero sí si las unimos. Todas las notas excepto una deben ser tocadas en un nuevo tono más agudo (la única excepción es el Re al final de la palabra «there» en la tercera línea; viene de la 2ª cuerda/3º traste y la has utilizado muchas veces con anterioridad). Ahora que has hecho tu primera incursión en la parte superior del mástil, estás preparado para intentar interpretar toda la melodía en su versión aguda. Aquí la tienes, con toda la digitación.

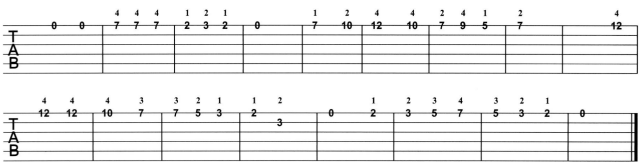

Es bueno lucir las notas agudas de la guitarra después de haber pasado tanto tiempo tocando las cuerdas al aire y los trastes inferiores, aunque seguramente habrás notado la dificultad de las posiciones actuales y del movimiento entre ellas. Esto no sólo es debido a la falta de costumbre: al tener que tocar casi toda la melodía en la 1ª cuerda, tu mano izquierda tiene que desplazarse continuamente de arriba abajo a lo largo del mástil, lo que reduce tu velocidad y provoca errores. La solución es dominar la **posición fija**, lo cual implica encontrar, en tan sólo un área del mástil, el mayor número posible de notas que necesitas para las melodías y los licks, y moverte entre las cuerdas adyacentes en vez de saltar de arriba abajo con la mano izquierda, que acaba significando la pérdida de seguridad. A pesar de que la posición fija se escapa a los objetivos de este libro, puedes hacer la prueba y utilizar otras cuerdas para apoyar la 1ª en el ejercicio final de *Scarborough Fair,* abajo. Utiliza sextas (*véanse* las páginas 58-61) y otros sencillos intervalos para producir una versión «semi-armonizada» de la melodía; interprétala en *fingerstyle* colocando los dedos medio e índice en las cuerdas 1ª y 3ª y combinándolos, en el momento que sea necesario, con el pulgar y el anular.

Arriba

Los intervalos de sexta mostrados en la tablatura de abajo están tocados por el índice y el anular de la mano derecha sobre las cuerdas 3ª y 1ª de la guitarra.

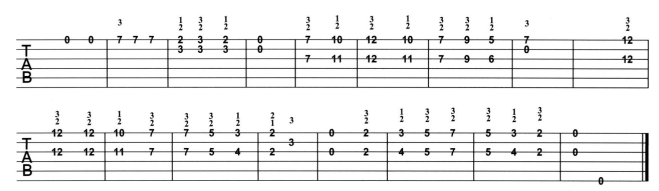

Arriba Las posiciones de la mano izquierda para la versión «semiarmonizada» de *Scarborough Fair* (parte inferior de la página 68). Esta digitación te da las notas de la 1ª y la 2ª cuerdas para el acorde intermedio del compás 3.

Arriba, a la derecha Estas notas del 7° traste se producen al inicio del compás 5.

Arriba Llegamos hasta el 12° traste en el compás 6 («sage») y en los compases 9-10 («re-mem-ber»).

Izquierda Este conocido acorde de Re se usa en el compás 13 («there»).

Cuerdas al aire y acordes desplazados

El desplazamiento por la parte superior del mástil nos permite usar el registro agudo para las notas individuales o emparejadas; pero, cuando queremos generar acordes en las posiciones más altas del mástil, las cosas se complican.

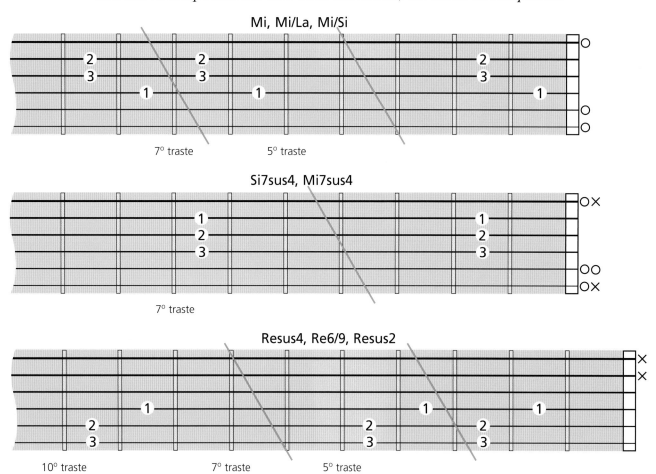

Mi, Mi/La, Mi/Si

7º traste   5º traste

Si7sus4, Mi7sus4

7º traste

Resus4, Re6/9, Resus2

10º traste   7º traste   5º traste

Todos los acordes que has aprendido hasta el momento son combinaciones de cuerdas al aire y pisadas. Podemos utilizar las partes digitadas, como las notas de las cuerdas 3ª, 4ª y 5ª del Mi mostrado arriba, y desplazarlas libremente por el mástil para crear nuevos «miniacordes». Inténtalo poniendo un Mi, desliza los tres dedos hasta los trastes 3º y 4º (mantén su forma de Mi) y después toca las tres cuerdas que estás pisando. Su sonido es muy parecido al del Mi original pero ligeramente más agudo; en realidad el acorde que ahora estás tocando es un acorde de Fa#. Pero si rasgueas las seis cuerdas a la vez, el resultado es un caos musical. Los dos Mi y el Si al aire en las cuerdas 1ª, 2ª y 6ª no han alterado su tono para ajustarse a las tres notas tocadas, y ahora suenan horriblemente mezclados con ellas.

Adaptar los cambios

Por suerte esto no ocurre siempre. Cuando tocas las cuerdas después de colocar tu digitación de Mi en los trastes 6º/7º o 8º/9º (*véanse* el diagrama y las fotografías), el rico efecto tintineante que producen es muy agradable. Otras combinaciones de notas al aire y pisadas que también resultan gratas al oído

Izquierda Al desplazar una digitación estándar de Mi dos trastes hacia arriba se consigue un acorde parcial de Fa sostenido. Sin embargo, el sonido de las cuerdas al aire hace que no sea útil como acorde de 6 cuerdas.

Izquierda Po otro lado, si se desplaza el acorde de Mi a los trastes 6° y 7° (*véase* el diagrama de la página anterior), se consigue un acorde «Mi/La» mucho más agradable.

Abajo Resus2 en las tres cuerdas agudas, pisado como se muestra aquí, combinado con la 4ª cuerda al aire.

se pueden conseguir desplazando el Si7sus4 (que apareció por primera vez en *Scarborough Fair*) y el Resus4, como se muestra en la ilustración. En cualquier caso, estos acordes, con sus sonidos suaves y superpuestos y sus misteriosos y complicados nombres, no se necesitan tan a menudo como los acordes primordiales mayores y menores de 4, 5 y 6 cuerdas. Para tocar estas armonías, esenciales y básicas, en la parte superior del mástil, necesitamos adoptar nuevos métodos que resultan físicamente agotadores. Prepárate para descubrirlo en las páginas siguientes.

Las cejillas

Una solución «imaginativa» al problema de las cuerdas al aire en los acordes de las posiciones superiores podría consistir en volver a sintonizarlas con las notas que necesitamos para las diferentes armonías. Obviamente, esto es imposible, pero podemos hacer otra cosa: modificar sus tonos pisando las cuerdas, un método que inevitablemente supone adaptaciones en algunos de nuestros acordes de la mano izquierda.

Comencemos con un simplificado acorde de Mi mayor como el que se muestra en la primera fotografía. No vas a necesitar la 5ª y 6ª cuerdas; pisa tan sólo la 3ª (con el dedo 2) y la 4ª (con el dedo 3) y combínalas con la 1ª y 2ª cuerdas al aire. Ahora desliza los dedos de tu mano izquierda un traste hacia abajo y pon el dedo índice encima de la **1ª y 2ª cuerdas** en el primer traste. Toca el nuevo acorde de 4 cuerdas: si tu dedo índice es capaz de presionar dos cuerdas de forma simultánea (esta técnica se conoce como **cejilla**), deberías obtener un acorde de Fa mayor; esta digitación puede ir desplazándose hacia abajo por el mástil para obtener otros acordes mayores.

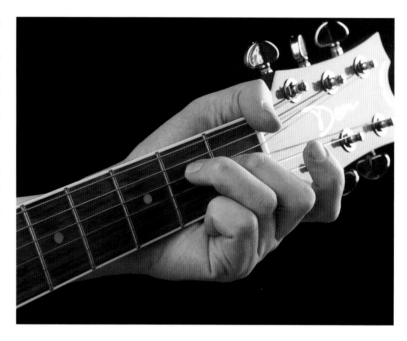

Fa

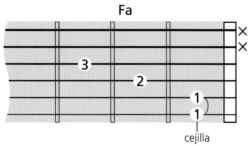

cejilla

Fa menor

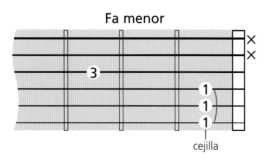

cejilla

Otros acordes con cejilla

Las cejillas pueden incorporarse en diferentes acordes de la mano izquierda y permiten hacer cambios en bloque en el sonido de cuerdas que antes estaban al aire. Por ejemplo, el Fa menor de 4 cuerdas en el diagrama de la izquierda es un Mi menor desplazado cuyas tres notas superiores están presionadas en cejilla por el índice, y la cuarta cuerda está pisada en el tercer traste. La cejilla también puede extenderse sobre las seis cuerdas para proporcionar acordes completos en las posiciones más altas (*véase* la fotografía). Sin embargo, muchos principiantes tienen dificultades para realizar la cejilla. Una alternativa más cómoda, aunque menos flexible, es utilizar una abrazadera mecánica, también llamada cejilla, que se coloca en el mástil y que permite hacer los acordes de «cuerdas al aire» en todos los lugares donde se coloque.

Arriba Este acorde de Mi redigitado (con los dedos 2 y 3 en lugar de usar el 1 y el 2) libera al índice de la mano izquierda, que ahora puede usarse para hacer una cejilla cuando el acorde se desplaza por el mástil.

Arriba, a la izquierda Aquí, los dedos 2 y 3 se han desplazado al segundo y tercer traste, mientras que el índice hace una pequeña cejilla sobre las dos primeras cuerdas. El resultado es un acorde de Fa.

Arriba La llamada «cejilla completa»: el índice pisa las seis cuerdas de forma simultánea y ayuda a hacer un acorde de Fa menor.

Izquierda Utilización de una cejilla mecánica para crear el mismo acorde de Fa menor que antes se ha obtenido mediante la cejilla completa (foto anterior).

Armónicos

*Vamos a finalizar este capítulo estudiando una forma diferente de tocar notas y acordes. Para ello no emplearemos el pisado convencional, sino que nos basaremos en las propiedades físicas inherentes a las cuerdas de la guitarra, que serán simplemente acariciadas para crear unas notas nítidas y brillantes llamadas **armónicos**.*

Una cuerda suena por vibración, pero, si se toca en un lugar específico, es posible «dividir» artificialmente la longitud de su vibración y generar una nota «armónica» más aguda que la original. En cada cuerda hay hasta ocho de estos puntos (conocidos como **nódulos**), pero aquí nosotros veremos los más utilizados, que están situados exactamente sobre los trastes 12º, 7º y 5º (*véase* el diagrama). Para obtener un armónico, coloca suavemente el índice de tu mano izquierda (dedo 1) o

el medio (dedo 2) sobre la 6ª cuerda de la guitarra, exactamente encima de la barra metálica del 12º traste. Toma la púa con la mano derecha y toca la cuerda; nada más hacerlo aparta el dedo de la mano izquierda de la cuerda. Este contacto momentáneo produce una versión del Mi ligeramente «incorpórea» y de un registro más agudo que el de la afinación de la cuerda. Las otras cinco cuerdas producen igualmente notas armónicas una octava por encima de su valor en el 12º traste;

Izquierda Al tocar la sexta cuerda en el 12º traste se genera un armónico. El dedo de la mano izquierda debe separarse de la cuerda justo después de que ésta recibe el contacto de la púa.

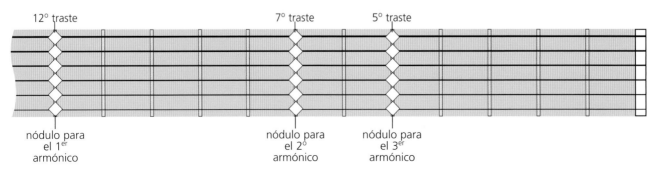

12º traste   7º traste   5º traste

nódulo para el 1er armónico   nódulo para el 2º armónico   nódulo para el 3er armónico

prueba primero de una en una e intenta tocar la 3ª, 2ª y 1ª cuerdas a la vez para obtener un acorde armónico de Mi menor.

Estos tonos del 12º traste son los **primeros armónicos** de las cuerdas. Para los **segundos armónicos** desplaza la mano al 7º traste y utiliza la misma técnica a la hora de tocar las cuerdas. El resultado es, sorprendentemente, un conjunto de notas cinco «tonos» por encima de los del 12º traste; las cuerdas 6ª y 1ª del Mi generan la nota Si (compáralos con el Si al aire de la 2ª cuerda), mientras que las cuerdas 5ª, 4ª, 3ª y 2ª producen, respectivamente, las notas Mi, La, Re y Fa. Es posible que te parezca un poco más difícil tocar los **terceros armónicos** sobre el 5º traste; aquí, el armónico de cada cuerda está dos **octavas** por encima de su nota «fundamental» al aire (una distancia equivalente a la existente entre el Mi al aire de la 6ª cuerda y el de la 1ª).

Superior El segundo armónico de la 5ª cuerda situado sobre el 7º traste.

Arriba Este armónico es un Mi dos octavas por encima del de la 1ª cuerda al aire.

75

Capítulo 6

Para mejorar

Si consultas una revista especializada en guitarras o das un paseo por una tienda de música, podrás disfrutar de una impresionante variedad de dispositivos electrónicos diseñados para hacer que el sonido de tu guitarra sea el mismo que el de las que escuchas en los discos. En las siguientes páginas se describen algunos de los aparatos y artilugios más populares; algunos de ellos son muy divertidos y muchos músicos los encuentran irresistibles. En cualquier caso, si decides comprar alguno, no permitas que «ahogue» el desarrollo de tu propio estilo e individualidad; utilízalo con moderación y ¡recuerda que tiene interruptores de *bypass* y de apagado y encendido! Este capítulo también te proporciona información sobre el proceso de grabación y las ayudas de alta tecnología para tocar, como las baterías electrónicas. Sin embargo, es preferible que empieces con una forma sencilla de mejorar tu instrumento, aunque inmediatamente perceptible: instalar un nuevo juego de cuerdas

¿Ha llegado el momento de cambiar las cuerdas?

Desde que compraste la guitarra, las cuerdas se han ido deteriorando poco a poco. Se trata de un proceso inevitable provocado por la humedad y la grasa de tus manos y por el continuo estiramiento y roce a los que las cuerdas están sometidas.

Cambia las cuerdas de tu guitarra antes de que empiecen a sonar apagadas y se vuelvan amarillentas. Esta pequeña inversión supone un beneficio inmediato en forma de un sonido y un tacto mejorados. Pregunta en tu tienda de música qué tipo de cuerdas son las indicadas para tu instrumento. Las más populares son las de **calibre ligero**, pero hay diferentes modelos para las guitarras acústicas y eléctricas.

Para cambiarlas, primero afloja la 6ª cuerda lo suficiente como para que se pueda extraer de su clavija. Protégete los ojos de su extremo cortante y procura no pincharte los dedos con él. Después, separa la cuerda del cuerpo del instrumento; en la guitarra acústica, la cuerda suele estar sujeta dentro del puente por una pieza de madera que es necesario extraer para poder sacar la cuerda. Los modelos eléctricos utilizan normalmente un sistema de «enhebrado» que permite sacar las cuerdas de los puentes con mayor facilidad.

En la guitarra acústica, fija la nueva cuerda introduciendo la bolita del extremo en el orificio del puente que ocupaba su predecesora y sujétala con la pieza de madera. Si la guitarra es eléctrica, introduce la cuerda en el puente, en el cordal o en el cuerpo, empujándola hasta que la bolita del extremo impida que se siga moviendo. Introduce el otro

Abajo Si el sonido de tu guitarra empieza a perder brillo al rasguear, es probable que necesite cuerdas nuevas.

Arriba Asegúrate de comprar el tipo de cuerdas y el calibre adecuados para tu guitarra.

Izquierda Sustituye las cuerdas siempre una a una para evitar cambios repentinos de la tensión que puedan dañar el mástil de la guitarra. Te resultarán fáciles de quitar si las aflojas como aquí te mostramos.

Abajo, a la izquierda El puente de una guitarra acústica con una de las clavijas desmontadas. El extremo con «bolita» de la cuerda nueva debe insertarse en el orificio «abierto».

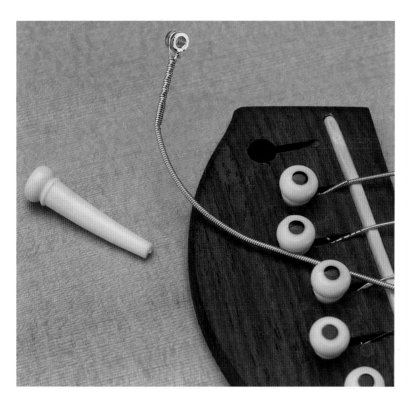

extremo a través del orificio del cabestrante de la cabeza del mástil; mantén recta la parte floja de la cuerda colocando el dedo índice de una mano en la parte superior. Ahora comienza a girar el clavijero de la cabeza del mástil con la otra mano; mientras, el dedo índice debe estar encima de la cuerda hasta que ésta esté lo suficientemente tensa y quede fija en su posición. Aumenta la tensión de

forma constante hasta que la cuerda emita la nota adecuada; comprueba la afinación con un diapasón o un aparato similar. Tienes que estar preparado para reafinarla inmediatamente; serán necesarios varios minutos hasta que la cuerda quede bien colocada por completo y afinada correctamente. Recorta el extremo con unos alicates y, después, ¡cambia las otras cinco cuerdas!

Arriba Después de asegurar la cuerda en el puente, enróllala en la cabeza del mástil. Mantén la cuerda en su sitio con un dedo.

Dispositivos electrónicos

La mayoría de las tiendas de música cuenta con una amplia colección de dispositivos de alta tecnología relacionados con la guitarra. Estos aparatos pueden dividirse en dos categorías básicas: las unidades de efectos que pueden modificar el sonido del instrumento (descritos detalladamente en las páginas 82-83), y el equipo diseñado para guiarte y mejorar tu forma de tocar mientras practicas. Empezaremos por estos últimos.

El **metrónomo** quizá sea la ayuda más básica. Antiguamente funcionaba con un mecanismo de reloj pero, en la actualidad, se basa en un microchip y su alimentación es a base de pilas. Una de las habilidades musicales más difíciles de adquirir para los guitarristas principiantes es mantener la velocidad. Es fácil que te adelantes al ritmo en los acordes sencillos, o bien que te retrases cuando estás realizando las digitaciones más complicadas. El metrónomo marca el ritmo con absoluta precisión, de manera que su presencia en los

Izquierda La Yamaha ClickStation, un metrónomo del siglo XXI que ofrece un amplio abanico de ritmos. ¡Tiene incluso una almohadilla vibradora que proporciona tempos silenciosos para mantener el ritmo!

Izquerda La unidad Magicstomp de Yamaha ofrece a los intérpretes de guitarra eléctrica hasta **198** efectos digitales, incluyendo simulaciones y «modelos» de una selección de amplificadores, monitores y micrófonos clásicos.

ensayos te alertará de estas desviaciones y ayudará a corregirlas.

Sin embargo, su sonido monótono no es especialmente inspirador y quizás prefieras tocar acompañado de una **caja de ritmos.** Este aparato suele necesitar una amplificación y sus resultados pueden ser aceptables cuando se conecta en los enchufes «aux» de tu equipo estéreo de alta fidelidad o portátil (¡aunque unos bajos y un volumen excesivos pueden distorsionar el sonido y dañar los altavoces!). Incluso los modelos más baratos proporcionan una gama de ritmos básicos de 4 y 3 tiempos, además de partes de percusión de jazz, música latina y otras más exóticas, todas con tempos regulables. Puedes configurar las pautas que has seleccionado para que se repitan de forma continuada, o puedes programarlas en canciones que contengan el número exacto de compases que necesitas.

Lo último para el auto-acompañamiento incluye ingeniosos aparatos que ofrecen lo que algunos llaman «band in a box». Están basados en el concepto de baterías electrónicas programables e incorporan pistas de batería sintetizadas o de muestreo, además de bajos simulados y (ocasionalmente) sonidos rítmicos de guitarra. Sólo tienes que ajustar la duración, la velocidad y el estilo de la canción, introducir el nombre de los acordes que utiliza, pulsar «play» y utilizar el acompañamiento para tus interpretaciones solistas.

Arriba El panel trasero del Magicstomp incorpora salidas mono y estéreo, además de una conexión USB. Sus programas internos pueden editarse a través del ordenador y actualizarse con descargas de la página web del fabricante.

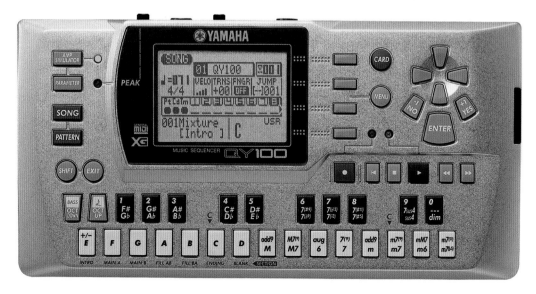

Izquierda El QY100 ha sido descrito por su fabricante, Yamaha, como un «mini estudio del tamaño de una mano, una banda portátil de acompañamiento y un compañero para practicar». Puede generar líneas de bajo, acordes y ritmos, y los guitarristas pueden enchufar directamente sus instrumentos en él y tocar a través de los efectos incorporados.

La mayoría de los aparatos descritos en las dos páginas anteriores pueden utilizarse con cualquier instrumento, pero los pedales y otros equipos modificadores del sonido necesitan una alimentación directa de la señal de la guitarra, por eso, para usarlos se requiere una guitarra eléctrica o una acústica con pastilla. También tienes que comprar, como mínimo, un cable adicional de conexión para conectar tu guitarra con la unidad de efectos y después enlazar su toma de salida con tu amplificador.

Pedal al metal

Los pedales más populares, conocidos a veces como pedales de efectos, incluyen **generadores de distorsión** que te permiten simular una saturación tipo estadio y un *fuzz* a volumen normal, además de **wah-wahs**, al espectro de las frecuencias sonoras emitidas por tu guitarra. Estos efectos, junto con modificaciones radicales del sonido, como los **trémolos** (que crean rápidas fluctuaciones de nivel) y los **aural exciters** (controladores de tono saturados que proporcionan al sonido un brillo adicional), sólo están indicados para guitarristas eléctricos de altos vuelos. Sin embargo, existen otros efectos como el **chorusing** (una combinación de *delay* y *pitch shift* que engorda la textura sónica y produce un *swishing* característico) y la **reverberación** (eco), que pueden ser igual de efectivos sobre una acústica amplificada que los **ecualizadores** (que determinan los

Abajo Esta económica unidad ofrece nada menos que 74 efectos diferentes, diez de los cuales pueden utilizarse al mismo tiempo. También cuenta con un sampler y una sencilla caja de ritmos.

Arriba El «slap echo» (o *delay* corto) y los pedales de distorsión de Danelectro son algunos de los modelos económicos más vendidos que funcionan a pilas o con alimentación eléctrica.

colores del tono de los agudos, los graves y los medios de tu instrumento) y los **compresores**, que «aprietan» el sonido reduciendo la diferencia entre sus niveles más fuertes y más suaves.

Los equipos como los que hemos mencionado arriba pueden comprarse por separado, pero para los músicos que deseen utilizar varios al mismo tiempo la opción más económica es comprar un **procesador multiefectos**. Estas unidades compactas pueden ofrecer una selección de 20 o más efectos regulables, combinables y generados por un microchip. Todos ellos pueden activarse, ajustarse y combinarse a tu gusto. Algunos de los modelos más modernos también poseen una entrada para unidades de CD (para practicar con tus temas favoritos) o incluso para incorporar un *phrase trainer*, un sampler digital que puede grabar los licks y los riffs que quieres aprender y ralentizarlos sin modificar su tono, lo que hará que te resulte más fácil dominar las notas individuales.

Graba el sonido de tu guitarra

Un equipo de grabación, ya sea un grabador de cintas, un minidisc o, quizás una multipista básica y económica, es una herramienta imprescindible para cualquiera que esté aprendiendo a tocar un instrumento. Al contrario que los amigos, este aparato nunca te adulará o te mentirá en lo referente al verdadero sonido de tu interpretación y, como hemos visto en los capítulos anteriores, un aparato así también puede hacer las veces de un acompañante siempre preparado y paciente para cuando quieras practicar una secuencia de acordes como solista.

Para aprovechar al máximo tu equipo de grabación, úsalo con un micrófono estéreo de buena calidad o, en el caso de una grabación por pistas más profesional, emplea un micrófono mono con un campo unidireccional para minimizar el ruido no deseado. También vale la pena invertir en un soporte robusto con jirafa para el micrófono de pie. Esto te ahorrará mucho tiempo y problemas a la hora de montar tu equipo.

Grabar el sonido de una guitarra acústica es complicado y, sorprendentemente, si colocas el micrófono justo delante de la boca del instrumento, los resultados pueden ser decepcionantes. Es mejor colocar el micrófono ligeramente orientado hacia el puente o bien situarlo en la sección más aguda del mástil.

Experimenta colocando el micrófono a distancias diversas; con el micrófono muy cerca de la guitarra obtendrás un sonido crujiente y «apretado», pero las señales potentes que el instrumento genere serán difíciles de grabar sin distorsión (a no ser que emplees un compresor; consulta las dos páginas anteriores). Si retiras el micrófono hacia atrás, reducirás el nivel total del sonido, pero se introducirá la «coloración» de los ecos ambientales.

Izquierda

Un micrófono unidireccional, mono y robusto como el que te mostramos aquí, puede enfocarse directamente hacia tu guitarra para suprimir los ruidos externos, como el del tráfico.

Izquierda Si mueves el micrófono unos cuantos centímetros, puedes conseguir un efecto de sonido completamente diferente. Un soporte con jirafa provisto de una pinza sujetará el micrófono de forma segura y firme en cualquier posición que elijas.

Abajo Las grabadoras MiniDisc portátiles ofrecen una gran calidad en la grabación digital por un precio asequible. Para obtener buenos resultados, mantén estas unidades a cierta distancia del micrófono, preferible-mente en su lado «muerto», si lo tuvieran.

Para conseguir un buen timbre de tu guitarra eléctrica, coloca el micrófono separado unos tres o cuatro centímetros del cono del altavoz del amplificador. Haz una grabación de prue-ba manteniendo bajos el volumen del amplifi-cador y el nivel del micrófono, y luego ajús-talos al nivel necesario. Aleja un poco el mi-crófono si el sonido es tosco o está sobrecar-gado. A no ser que estés utilizando un equipo de grabación con entrada para guitarra, no intentes conectar directamente el instrumen-to a la unidad, porque la salida de las pastillas suele ser muy fuerte y la diferencia en **impe-dancia** (resistencia eléctrica) entre la guitarra y la grabadora puede estropear el sonido.

Capítulo 7

Los avances

¿En qué momento puedes decir sinceramente que te has convertido en un «verdadero» guitarrista? La respuesta depende en gran medida del nivel de destreza que quieras alcanzar, y del tesón con el que trabajas para conseguirlo. En cualquier caso, si has alcanzado con éxito el final de este libro, puedes afirmar que dominas las técnicas básicas del instrumento. Este último capítulo pretende mantener tu interés para que sigas practicando y aprendiendo. Para ello te presentamos algunos trucos un poco más avanzados y te sugerimos otras formas con las que podrás seguir desarrollando tu habilidad técnica y musical.

El sus4

*En la mayor parte de este libro nos hemos concentrado en los acordes mayores y menores. Las páginas siguientes, sin embargo, presentan una armonía más avanzada, la **4ª suspendida** o «sus4» en la jerga de los guitarristas.*

Para entender cómo funciona la «suspensión» debemos volver a *Scarborough Fair* (el primer caso en el que vimos un «Si7sus4»; *véanse* las páginas 64-65). Toca un acorde de Mi menor (¡seguro que recuerdas la digitación!) y canta o tararea la primera frase acompañándote con la guitarra.

mayor) es un Sol, la cuarta nota en la escala de ocho notas que comienza y finaliza con un Re. Sin embargo, no tienes que preocuparte por las escalas o la teoría para disfrutar del sus4, o para ver lo eficaz que puede ser cuando se interpretan canciones o melodías que tienen unos contornos melódicos pareci-

Mim		**Mim**			**Re**			**Mim**		
Are	-	you	go-	ing	to	Scar-	bo-	rough	Fair?	-	-

Verás que la palabra *Scarborough* contiene dos notas diferentes: la primera, para las sílabas primera y tercera, coincide con la nota superior de tu acorde de Re, pero la segunda («-bo-») sube un tono, desentonando muy ligeramente con lo que estás tocando. Puedes imitar este efecto pisando los dos acordes que se muestran en el diagrama de abajo. Comienza rasgueando un acorde de Re estándar (con tu dedo 2 pisando la primera cuerda, como se muestra en el dibujo) e incorpora después tu dedo meñique (4) en el 3er traste/1ª cuerda para el «-bo-» de «Scarborough» antes de volverlo a quitar en la sílaba «-rough».

dos a los de *Scarborough Fair*. Aquí te presentamos versiones en sus4 de otros acordes conocidos; en un momento aprenderás algunos acordes más «avanzados» y podrás emplearlos de una forma eficaz.

Página siguiente, abajo Resus4: utiliza la digitación del dibujo para el acorde de la segunda sílaba de *Scarborough*.

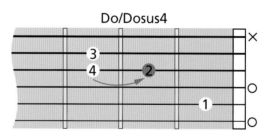
Do/Dosus4

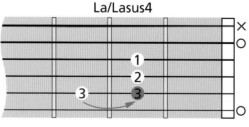
La/Lasus4

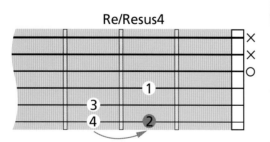
Re/Resus4

Sus4 en acción

El acorde «-bo-» es una 4ª suspendida. Su nombre se debe a que la «nueva» nota que contiene (en el 3er traste/1ª cuerda, sustituyendo a la nota en el habitual acorde de Re

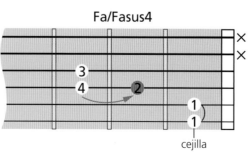
Fa/Fasus4

cejilla

Arriba El acorde de Mi menor para el comienzo de *Scarborough Fair*.

Derecha Este acorde de Re acompaña a las sílabas primera y última de «Scarborough».

Volviendo a *Amazing Grace*

Nuestra versión original de Amazing Grace, *en las páginas 30-35, contiene sólo armonías y digitaciones sencillas. Volvamos sobre ella para intentar tocarla de una forma diferente, introduciendo algunas de las armonías y de las técnicas mostradas en los últimos capítulos.*

Como puedes ver en los diagramas y en la tablatura, vamos a introducir varios acordes nuevos, incluyendo un par de sus4 en el acompañamiento de la canción. El primero de estos acordes, un Solsus4, aparece justo al principio; deberás mantenerlo durante un solo tiempo antes de volver al Sol estándar en el 2° tiempo y de pasar a un Sol7 (has aprendido su digitación en las páginas 40-41) en el siguiente compás:

Solsus4	Sol			Sol7	
A-	ma	-	zing	grace!...	
3	*1*	*2*	*3*	*1*	*2...*

Los acordes del compás 8 se realizan de una forma muy parecida, con un Resus4 ocupando un solo tiempo y abriendo paso a un Re mayor habitual:

[compás 7]			[compás 8]		
Re			**Resus4**	**Re**	
me!	-	-			I...
1	*2*	*3*	*1*	*2*	*3...*

Sobre las palabras «wretch» y «now», al final, aparece un acorde desconocido pero muy sencillo llamado DoMay7. Lo más fácil es verlo como un Do sencillo (como el usado en los compases 3 y 11) con la segunda cuerda al aire; esto añade un sonido de jazz que complementa el sonido y los acordes de alrededor. La única digitación nueva de la mano izquierda es ese Re7 que suena con un efecto «iglesia» (las cuerdas 1ª y 6ª permanecen en silencio) en los compases 4 y 12.

Practica el acompañamiento con acordes de *Amazing Grace* de forma independiente y

Solsus4

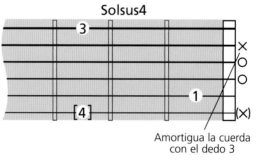

Amortigua la cuerda con el dedo 3

Arriba Aquí, el dedo 3 amortigua la 5ª cuerda que, de otra forma, podría generar un sonido no deseado en el acorde Solsus4 mostrado en esta página.

Re7 (versión alternativa)

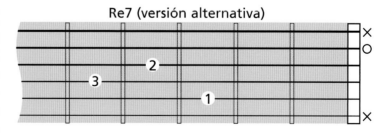

DoMay7

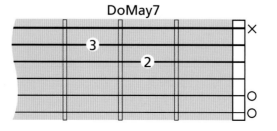

después, si puedes, grábalo. Deja que suene la grabación mientras ensayas la melodía, ¡que interpretarás en su totalidad con armónicos! Sigue la tablatura para encontrar las posiciones de las cuerdas y de los trastes que necesitas. Recuerda que no debes pisar las notas, sino acariciarlas y pulsarlas como se explica en el capítulo 5. ¡Buena suerte!

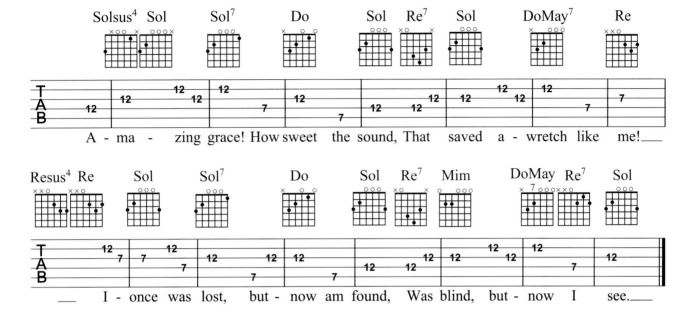

A - ma - zing grace! How sweet the sound, That saved a - wretch like me!___

___ I - once was lost, but - now am found, Was blind, but - now I see.___

Arriba Un Re7 de cuatro cuerdas tocado en el acompañamiento en los compases 4 («that») y 12 («was») de *Amazing Grace*.

Arriba Interpretar una melodía basándose sólo en armónicos requiere una coordinación muy precisa entre ambas manos.

Izquierda Es posible que los armónicos suenen con mayor nitidez si tocas las cuerdas más cerca del puente de lo normal.

Y finalmente...

Hemos visto cómo las armonías «extendidas» como los sus4 pueden funcionar dentro de una secuencia de acordes. Pero también suelen utilizarse para embellecer el final de un ciclo de blues y para proporcionar una floritura al final de una canción.

Aunque hemos explorado algunos añadidos y variantes elementales de la típica rueda de 12 compases con tres acordes del capítulo 3, no hemos modificado el llamado *turnaround*, compases 11 y 12 del blues, que nos llevan a la repetición de otra estrofa o a la coda final para acabar. En la tonalidad de La mayor, los acordes «prescritos» para el *turnaround* serían simplemente un La o un La7 (en el compás 11) y un Mi o un Mi7 (en el compás 12), ¡pero pocos músicos se darían por satisfechos si se tuvieran que conformar sólo con esto! El diagrama de abajo expone una alternativa; como puedes ver, los tiempos 2, 3 y 4 del compás 11 se corresponden con una digitación de tres notas desplazada hacia la izquierda para formar los acordes cambiados.

Nuestro acorde «deslizante» comienza como un La7 parcial, pero a medida que se desplaza adopta diferentes identidades y nuevos y complicados nombres que no vamos a tratar aquí. En cualquier caso, progresiones como ésta son la base del blues. Te encontrarás con muchas de estas formas en el futuro.

Acordes alternativos

Nos vamos a quedar en el La mayor con el obejtivo de explorar algunas sustituciones rápidas para los acordes mayores y menores estándar. Este tipo de acordes pueden darle un extraordinario acabado a las piezas que vayas a interpretar, y su digitación es especialmente fácil en este tono gracias al La grave de la 5ª cuerda al aire de la guitarra.

| Mi^7 | Re^7 | La^7 | (pic 1) | (pic 2) | (pic 3) | La^7 | Mi^7 | La^7 |

   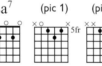

Izquierda Acordes para el *turnaround* (*véanse* los diagramas de arriba) – imagen 1: este La7 se toca sobre las cuerdas 4ª, 3ª y 2ª pisadas, con una nota grave que proviene de la 5ª (La) cuerda al aire.

Derecha *Turnaround* – imagen 2: aquí el acorde anterior está desplazado un traste a la izquierda.

Realiza las tres primeras rasgueando un La seguido por un Mi7 antes de intentar tocar cada acorde.

La6

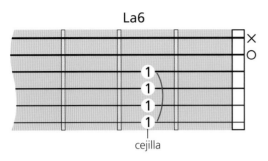

cejilla

• El La6 te recordará inmediatamente a Los Beatles; los *Fab Four* finalizaban muchos de sus primeros éxitos con este acorde.

• Nuestro último «acorde conclusivo», Lam add9, es una variante picante de un acorde menor. Tócalo a continuación de un único Mi 7.

La6/9

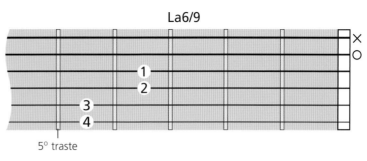

5º traste

• El La6/9 es una versión más rica del acorde de 6ª, con un característico toque de jazz.

Lasus2

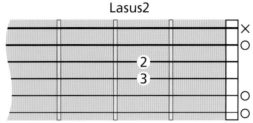

• Lasus2 (un primo cercano del acorde sus4, con el segundo paso «suspendido» en su escala asociada) proporciona un final más sutil y contenido.

Lam add9

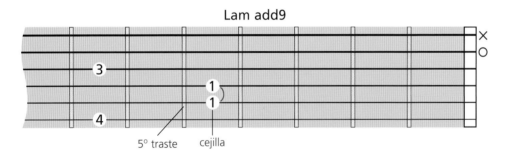

5º traste   cejilla

Arriba *Turnaround* – imagen 3: el acorde final en nuestra secuencia está situado ahora otro traste más a la izquierda en el mástil.

Derecha Perfecciona unos cuantos acordes más como el Lam add9 y ¡pronto tendrás un verdadero estilo de jazz al tocar!

El siguiente paso

Este libro te ha mostrado algunas de las bases para tocar la guitarra, pero ahora hemos llegado al final. ¿Qué recursos necesitas para seguir progresando? Aquí tienes algunos consejos y sugerencias.

Compra un método de acordes

El conocimiento de los acordes y sus digitaciones es vital para todos los guitarristas. Ya sabes tocar un gran número de los acordes más importantes, pero hay cientos de ellos más que debes aprender. Un método de acordes completo y bien encuadernado, para que lo puedas utilizar durante años, es una compra fundamental.

Aprende solfeo

Cuando estés buscando el método de acordes en las tiendas de música, verás que existen una serie de libros de guitarra de nivel medio y avanzado que contienen pentagramas (5 líneas) nada más o pentagramas y tablaturas como las que has estado utilizando hasta ahora. Si eres capaz de descifrar las notas, podrás acceder a un gran número de canciones y de material publicado, lo cual te permitirá comunicarte con otros músicos que no toquen la guitarra. Una de las mejores introducciones al método por solfeo es el libro de David Oakes *Music Reading For Guitar* (Musicians' Institute).

Observa y aprende

Ahora es muy fácil estudiar las técnicas de los mejores intérpretes de jazz, blues y, especialmente, de rock gracias al gran número de vídeos didácticos de reciente aparición que muestran cómo estos artistas tocan y marcan la digitación de sus solos y riffs más famosos. Ver algunos de estos vídeos y DVDs es casi tan provechoso como si recibieras clases particulares de los propios artistas. Averigua si alguno de tus artistas preferidos ha editado una grabación de este tipo.

Utiliza tu oído

Aplica tus nuevos conocimientos a todas las canciones y piezas que escuches a partir de ahora. Cuando oigas secuencias de acordes o riffs parecidos a los que has visto hasta ahora, pregúntate por qué suenan como suenan, coge tu guitarra e intenta copiarlos. No dejes nunca de sentir curiosidad por la forma en que las melodías, los acordes y los ritmos interactúan para crear música. Todo lo que aprendas, te ayudará en tu desarrollo como guitarrista.

Pero, por encima de todo, ¡disfruta cuando toques!

Índice